WEB選考は「準備」が9割！

田中亜矢子

自由国民社

はじめに

　私は2004年に愛知教育大学を卒業後、岡崎信用金庫へ入社しました。営業店で窓口業務、金融商品の販売などを経験後、人事部へ配属となり、そこでは採用や人材育成を担当し、5年間で延5,000人の学生と関わってきました。

　インターンシップから始まり、採用、新入社員研修を経て営業店へ送り出す一連の活動がとても好きで、金融業ではなく人事の仕事を専門にしたいと思い、2018年に社会保険労務士事務所サン&ムーンを開設しました。

　現在は社会保険労務士として、採用に関するコンサルティング業務や採用面接官への研修、人事評価の制度設計、研修体制の構築を主な業務としています。

　どれも企業の経営者や人事担当者と関わる仕事で、採用に関する悩みや希望等、生の声をいつも聞いています。

　また新卒の学生への就活支援は独立当初から行っている私の大事なライフワークの一つです。キャリアコンサルタントとして、学生向けの就活セミナーに登壇したり、キャリア面談をする中で見えてきたのは、不安でいっぱいの学生の姿でした。

就活はなぜ不安？

　なぜ不安なのでしょうか。

　それは就職活動が、これまで経験してきた学生時代の受験とは全く異なるものだからです。

　受験勉強では「正しい答え」がありました。そして努力すれば点数を伸ばすことができました。

しかし、就職活動には100％の正しい答えはありません。選考途中で落とされたとしても、その理由は教えてもらえません。何をどう頑張ればいいのか、わからないのです。

　また、学生時代はインプットが重視されますが、就職活動ではアウトプットが求められます。これを苦手とする学生が多いのです。

　私は就職活動に臨む学生の悩みも、採用する企業側の大変さも、どちらのマインドも誰よりもよくわかっていると自負しています。

　そこで今、これまで延300人の学生にセミナーや個別面接を通して指導してきた「Web選考対策」について執筆することにしました。

　新型コロナウイルス感染症の影響で、採用活動も大きく様変わりしました。中でも一番の大きな変化は、人の移動に制限がかけられたことです。

Web選考を乗り切ろう！

　感染拡大でビジネスモデルの転換を迫られた業界が増え、大企業では採用活動においてもWeb面接が主流となってきました。

　実際の仕事においてもWeb商談の機会は増えています。

　「Web面接で力を発揮できる学生を選びたい」と考えるのは自然な流れです。

　今後中小企業においても、採用活動のオンライン化は進んでいくことでしょう。

　また、これまでは書類選考からスタートすることが一般的だった就職活動において、自己PR動画の提出が第一関門となるケースも出てきました。

　資生堂や伊藤忠商事、全日本空輸など接客サービスを重視している企業は自己PR動画を学生に提出させる「自己PR動画選考」を積極的に実

施しています。

　この動画活用は、従来からアメリカでは企業の採用プロセスで使われていました。日本でも取り入れている企業はありましたが、学生側に「動画提出」に対する心理的抵抗が強く、企業側も応募者が減る恐れからそれほど導入が進んでいませんでした。

　しかし、コロナ禍を機に「かえって志望度の高い学生が絞り込める」などのメリットも見え始め、動画選考が増えている状況です。

　文字と写真だけのエントリーシートでは判断できないことが動画ではわかります。そして動画選考を導入したことで、次の面接に進める学生の数が3分の1に減ったとの声もあります。

　動画選考に受かる人、受からない人の二極化が進んでおり、面接にたどり着けない学生が増えているのです。

　企業側にとっては一次面接の代わりを動画選考にすることで、学生との日程調整や面接官、場所の確保等が不要となるため、採用業務の効率化につながります。

　働き方改革の一環として、今後も多くの企業が導入していくことでしょう。

Web面接は今後どうなる!?

　またWeb面接も急速に普及しており、HR総研の調査によると企業側が2021年新卒採用で重視した施策については「オンラインでの面接」が最多で46％、次いで「オンラインでの自社セミナー・説明会」が44％となっており、昨年1位だった「インターンシップ」は5位に後退と、コロナ禍において、オンラインでの採用活動に注力し始めた企業が多いことがわかります。

基本的に、Web面接で質問される内容は、対面で面接を受ける場合と同じです。しかし、Webを通すと急にハードルが高いと感じる学生が多くなります。

　その理由は、直接会うことよりも、Webを通すと雰囲気や人柄を伝えることが難しく、コミュニケーションがとりづらいからでしょう。

　以前にも増して就職活動の「事前準備」が必要な時代になりました。

　動画選考やWeb面接では内容ももちろんですが、それ以上に自分の伝え方や魅せ方も大きく影響するため、従来とは異なる対策が必要です。

　まだ歴史が浅いこのような選考を乗り切るメソッドは確立されておらず、Web選考の対策までできている学生が少ない今は逆にチャンスです！　ですから、本書を自己PR動画作成前に、Web面接前に目を通すことで、就活成功のためのお守り代わりとしてお持ちいただけたら嬉しいです。

新卒採用は誰でも一回きり！

　就職活動は営業活動です。

　「ここにこんなに素晴らしい人材がいます。だからぜひ採用してください！」

　そう伝えきれる自分をつくっていくこと。そのために必要なことは、全てお伝えします。一緒に取り組んでいきましょう。

　これから新卒採用に臨むあなたへ。

　思いだけで通用する就活は、この新卒一回限りです。

　もし自分がしてみたい仕事があるのだとしたら、今必死に頑張ることが、一番効率が良いです。まだ何がしたいのか見つかっていないのだとしたら、少しでも自分の価値観と合う仕事が何かを、探し出すことが先

決です。

　「実績」なく戦える「新卒」というチャンスを最大限活かせるよう悔いのない「準備」を！

目次

Chapter **4** **Web選考を突破する！
自己PR動画の作り方**

Chapter 5 Web面接に通過する！外せないポイント

Chapter 6 失敗しても凹まない！不安に負けない！ 就活に役立つ心理学

Chapter 1

Web選考を考える前にチェック!
なぜWeb選考に通らないのか

01 自己PR動画撮影の前に チェック!

採用する側の事情や気持ちを知っておこう!

　まず知っておいていただきたいのは、企業規模によって異なりますが、採用担当者は何百、何千、何万という応募者のエントリーシートや動画を見ることから選考を始めるということです。

　全てのエントリーシートや動画に、じっくり向き合うことは可能でしょうか。おそらくそれではいくら時間があっても足りません。

　そのため、ポイントを絞り込んで効率よくエントリーシートを読んだり、動画を見たりしながら判断する必要があります。

　採用初期の採用担当者の優先事項は、「明らかに自社に適さない」と思われる学生を見極めて、二次面接以降につなげる採用候補者を選別することです。

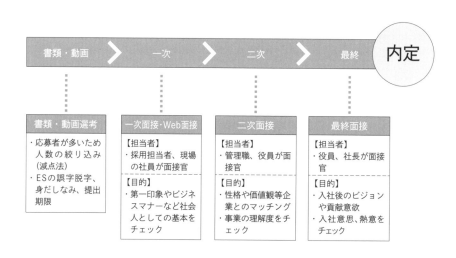

| 書類・動画 | 一次 | 二次 | 最終 | 内定 |

書類・動画選考	一次面接・Web面接	二次面接	最終面接
・応募者が多いため人数の絞り込み（減点法） ・ESの誤字脱字、身だしなみ、提出期限	【担当者】 ・採用担当者、現場の社員が面接官 【目的】 ・第一印象やビジネスマナーなど社会人としての基本をチェック	【担当者】 ・管理職、役員が面接官 【目的】 ・性格や価値観等企業とのマッチング ・事業の理解度をチェック	【担当者】 ・役員、社長が面接官 【目的】 ・入社後のビジョンや貢献意欲 ・入社意思、熱意をチェック

そのためエントリーシートや自己PR動画からは、キラリと光る才能を見出そうという気持ちよりも、一次面接につなげてはいけない学生を見極めようという減点法的な姿勢で見ています。初期の段階では、どちらかといえば専門性より人間性に注目しています。

　例えば、私はこのような手書きのエントリーシートは、内容を読み込む前からNGを出していました。

・丁寧に書いておらず、漢字の間違いが多い
・鉛筆の下書きを消していない
・空白が多い

　一見して「雑さ」や「気のなさ」を感じると読む気になりません。
　仕事に対してもそのような態度で取り組むのだろうと推測してしまい、採用する必要性を感じないからです。
　実際どうなのかは、一緒に働いてみないとわかりません。
　しかし採用活動では「一緒に働きたいと感じるかどうか、現場でうまく馴染めるかどうか」を推測しながら選考を進めていくのです。

　動画の視聴はエントリーシートを読むより、はるかに時間がかかります。たとえ一人一分の動画だとしても、数が多ければ全てを見るのに何十、何百時間とかかります。
　パッと見た瞬間に「これはダメだ」と思えば、その先を見てもらえることはないでしょう（最初の15秒が勝負です）。

　また、エントリーシートより、動画の方が採用担当者は「人材の見極め」がしやすくなります。文字や写真だけでは把握できない人柄や雰囲気が、動画では伝わるからです。

内容以前に見られていること

それでは、動画選考において内容以前にNGが出されてしまうのは、どのような場合でしょうか。

・清潔感のない服装や髪型、メイクをしている
・動画の背景に散らかった部屋が写っている
・周囲の雑音が入っていて、声がよく聞こえない
・映像が暗くて、表情がよく見えない
・視線が定まっておらず、明らかに原稿を読んでいる

常識的に考えれば配慮すべきことができていない、このような人材と一緒に働きたいと考える採用担当者は少ないものです。

社会人が考える「当たり前のことが当たり前にできていること」は、就職活動においても社会人になってからも求められます。

仕事では「自分がしたいこと」以上に「相手がしてほしいこと」を察知して、先回りして行動することが必要です。それができる人材を企業側は探しています。

社会で求められる
コミュニケーション能力を知ろう

企業側が求めている能力は?

　これはWeb選考に限らず、就職活動全般について言えることです。

　マイナビの2022年卒大学生のライフスタイル調査「就活生の今と、思い描く未来のイメージ」(https://saponet.mynavi.jp/release/student/life/mynavilifestyle2022_2/)によると、「あなたが欠けていると思うものは何か」との問いに対し、男子は「コミュニケーション能力」が1位、女子は7年連続で「自分の長所をアピールする力」が1位でした。

あなたに欠けていると思うもの（複数回答）

	男子			女子	
1位	コミュニケーション能力	35.5%	1位	自分の長所をアピールする力	40.0%
2位	自分の長所をアピールする力	34.0%	2位	友人関係の広いネットワーク	34.9%
3位	友人関係の広いネットワーク	31.6%	3位	ストレス耐性	34.5%
4位	行動力	28.8%	4位	コミュニケーション能力	32.6%
5位	ストレス耐性	28.1%	5位	行動力	28.0%
6位	就活に対する「やる気」	21.2%	6位	就活に対する「やる気」	25.2%
7位	臨機応変に対応する力	20.9%	7位	臨機応変に対応する力	24.3%
8位	社会人になるための心の準備	20.3%	8位	社会人になるための心の準備	22.9%
9位	情報収集力	20.1%	9位	情報収集力	22.8%

※マイナビの資料をもとに著者が作成

　それに対し、一般社団法人日本経済団体連合会の調査によると、企業側が選考にあたってとくに重視する点は長年「コミュニケーション能力」が1位となっています。

　学生生活では「話がうまい人」「初対面の人とも物怖じせず会話ができる人」「友達が多い人」が、コミュニケーション能力が高いと思われがちです。

しかし、社会で求められるコミュニケーション能力は、少し異なります。

　例えば、

・相手が本当に求めているものを聞き出せること
・相手の真意や感情を察して自らの言動を選択できること
・自分の考えを相手に納得させることができること
・価値観の違う相手とも折り合いがつけられること
・信頼を得て、相手が自分の思い通りに動いてくれる状態をつくれること

このような力が社会では求められます。

コミュニケーション能力は才能ではない！

　先ほど紹介した「コミュニケーション能力や長所をアピールする力が足りない」と気づいているのだとしたら、それを変える努力が必要です。

　よくコミュニケーションの話をすると「性格」の話をされる方がいます。

　「私は昔から引っ込み思案で…」「人付き合いが苦手で…」「明るい性格ではないから…」などと言う方が多いです。

　しかし、「性格」を変える必要はありません。「自分らしさ」は大事にしてください。ただ、働く上でコミュニケーション能力が必要なことは事実です。コミュニケーションには「型」があり、それは努力で身につけることができます。

　社会人として必要なコミュニケーション能力を身につけるために、まずできることは「挨拶、返事、姿勢」を徹底することです。

　人と会ったらまず相手の目を見て大きな声で挨拶をすること、呼ばれたら「はい」と返事をすること、背筋を伸ばして姿勢を正すこと。

　また会話をするときに「笑顔」を向けること、「正しい敬語」を使うことは相手への配慮です。

例えば面接の冒頭に明るい表情とハキハキした声で、

「おはようございます。本日はお忙しい中、お時間をいただきありがとうございます。○○大学○○学部○年の○○○○（氏名）と申します。本日はどうぞよろしくお願いいたします」

と姿勢を正して挨拶をし、美しくお辞儀をするだけでも印象は大きく変わります。

また面接での受け答えに有効なのは「結論ファースト」です。
限られた時間の中で、面接官に理解しやすい話の展開をすること、聞かれたことに的確に答えることができれば、コミュニケーション能力があると感じてもらえます。

努力で変えられる部分は就活が始まる前に身につけてしまいましょう。

03 | 伝え方、魅せ方を磨く
努力をしよう

採用で見られているのは「自社で活躍できるかどうか」

採用担当者は何を知りたいと思いますか？

面接を受ける学生が、自社で活躍できるかどうかが知りたいのです。そこに確信が持てる材料を、わかりやすく伝える準備をしましょう。

自己PR動画を提出するのであれば、いったんベストなシナリオを作成し、それを丸暗記して話すくらいの準備は必要です。

一方、Web面接では、どのような質問がくるかわかりません。そのため丸暗記は通用せず、臨機応変な対応が求められます。

そこで自分に関するキーワードと、そのキーワードのエピソードを準備し、「だから何なのか」と掘り下げておくことで、どのような質問がきても対応できるようになります。

また、魅せ方も大事なポイントです。

見た目や言葉による第一印象については、アメリカの心理学者アルバート・メラビアン氏が「メラビアンの法則」を提唱しています。

メラビアン氏は、人が他者とコミュニケーションをとるとき、言語・聴覚・視覚の３つの情報から相手を判断すると仮定しました。

実験の結果、これらの情報が相手に与える影響は言語が７％、聴覚が38％、視覚が55％となりました。

面接官から何を言っているか以上に、見た目、声色で自分自身を評価されてしまうことは事実です。

内面にどれだけ輝くものを持っていても、それを表現することができ

なければ、相手に伝えることはできません。「謙虚さ」は日本人の美徳ですが、企業側に雇う価値を見出してもらえなければ、せっかくの能力を発揮するチャンスすら手に入れることができません。黙っていても誰かが見つけて引き上げてくれるなんてことは、ほとんどないでしょう。

　自ら言語化し、表現し、伝える努力をすることで、初めてわかってもらえるのです。

　あなたの良さを遠慮することなく存分に伝えていきましょう。それを待っている人も、必要としている場所も必ず存在します。

04 就職活動は「自己分析」が9割！

自己分析は人生に大きな影響を与える

　マイナビの「人事担当者のための新卒採用支援情報サイト」の就活を終えた学生向けアンケート「就職モニター調査（https://saponet.mynavi.jp/release/student/#category-monitor）」によると、就職活動を始めた後で「もっと早く取り組めば良かった」「時間をかけて取り組みたかった」と思ったことの1位は「自己分析」、2位は「筆記試験対策（SPI対策）」、3位は「エントリーシートや履歴書を書くための準備」となっています。

　また、就職活動を始めるまでに知っておけば良かったことの1位は「面接での話し方」、2位は「自分の適性」、3位は「就職活動のテクニック」となっています。

　毎月多少の変動はありますが、「自己分析」の重要性は、多くの学生が後から必要だったと感じています。

　では、なぜわかっていながら後回しになってしまうのでしょう。おそらく、「いつでもできる」「自分のことはわかっている」「面倒くさい」このあたりが理由ではないでしょうか。

　しかし、この自己分析はあなたが思っている以上に後々の人生に大きく影響を与えます。

　私たちの職業能力は次の3つからできています。
①仕事をするのに必要な特定の知識やスキル
②協調性や積極性など各個人の思考特性や行動特性
③動機、人柄、性格、信念、価値観など潜在的な個人的特性

このうち①の知識やスキルは実際に仕事についてから訓練すれば、後から身につけることが可能です。

しかし②や③は生まれつきの性質でもあり、幼児期からの生活や教育によってつくられたもので、今から変えていくことが難しい部分です（両親の影響を強く受けている部分でもあります）。

自己分析でつかんでおきたいのは、この②や③の部分です。

自身の特性と正反対の特性が求められる企業に就職したら、入社後に「この仕事は向いていない」と感じることでしょう。

「向いていないから転職しよう」とすぐに切り替えられる人はまだいいのですが、中にはそこで適応できない自分を社会人失格だと自己否定し、引きこもってしまうケースもあります。

会社という閉ざされた空間の中で、周囲の人から否定され続けると、心が折れてしまうのです。

人生100年時代といわれる中で、ここから働く期間は長いです。

もちろん、途中で転職して他の仕事を選択することは可能ですが、初めて働く環境から受ける影響は大きく、最初から自分に合った場所を選んだ方が、自分にとっても企業にとってもベストです。

そのために、まず自分のことを理解する努力が必要です。

誰もが長所も短所も持っています。

自分の長所を最大限に発揮できる環境を探しましょう。「あなたの誰にも負けない強みは何ですか？」という答えを探すことと、就職先を探すことは同時進行で進める必要があります。

「自分らしく働きたい」という声もよく耳にします。「自分らしさ」とは具体的に何なのか、その理想とする仕事にたどり着くためには何が必要なのでしょう。それらを早い段階で見つけて、必要なスキルを身につけられる仕事につくことが、自分らしく働くための近道です。

新卒採用は一度きり！業界研究をしっかりやろう

「なぜ当社を志望しましたか?」にしっかり答えよう

　初めての就職活動に対する不安から、大学のキャリアセンターへ相談に行ったり、仲の良い先輩に就活の体験談を聞いたりすることもあるでしょう。

　各大学によって異なりますが、キャリアセンターでは就職活動全体の流れや基本を教えてくれるガイダンスや筆記試験対策、ビジネスマナー講座などが開催されています。

　また、キャリアセンターの職員などが、一人ひとりの質問に対応し、エントリーシートの添削や面接対策までフォローしているケースもあります。

　大学に寄せられている求人情報もここで知ることができ、中にはその大学限定の求人もあります。

　インターンシップに関しては、自分で応募するものだけではなく、企業と大学のキャリアセンターが提携して実施しているものもあります。

　また、先輩方の就職体験記やOBやOGの情報（開示できる範囲内で）を教えてもらうこともできます。

　これらを無料で提供してくれるキャリアセンターは、あなたにとって、とても心強い味方です。ぜひ積極的に活用していきましょう。

　また、仲の良い先輩、OBやOGの就職体験談を聞くことはとても有効です。とくに自分が入りたい企業で働いている先輩の生の声は非常に学びになることが多く、会えるのであれば会うこと（もしくはオンラインで話すこと）をおすすめします。

私自身、就職活動をしているとき、キャリアセンターでOGの方の情報を教えてもらい、会いに行きました。

　それによってさらに志望度が高まりましたし、面接でもその話をすることで場の空気が盛り上がりました。

　ここにもう一つつけ加えていただきたいことがあります。それはその企業の人事部側の視点です。

　採用担当者は、「将来〈自社で〉活躍できる人」を探しています。

　つまり、その企業文化の中で実績を上げられる人と一緒に働きたいと思っているのです。

　信用金庫で採用面接を担当していたとき「なぜこの業界を志望したのか」という志望動機があいまいなケースを多く見かけました。

　「なぜ当金庫を志望したか」との問いに対して「地元の役に立ちたいからです」と回答する学生が多くいました。経営理念として、地元産業の発展への貢献を掲げていたので、その通りなのですが、「なぜ金融業を選んだのか？」それを知りたいと思っていました。

　その業界を、その職種をなぜ選択したのかが明確だと、志望動機はさらに伝わりやすくなります。

ツールも使いこなそう

　どんな業界や職種があるか、調べるのにおすすめのサイトをご紹介します。

　厚生労働省の「職業情報提供サイト（日本版O-NET）」（https://shigoto.mhlw.go.jp/User/）です。

　約500の職業について、内容、就労する方法、求められる知識・スキルや、どのような人が向いているかなどが総合的にわかるようにつくられたサイトで、適職を探したり、気になる職業の詳細を調べたりするこ

とができます。

　例えば「使ってみよう」＞「個人での利用」＞「学生の方」から自分
の職業興味・仕事の価値観検査を使って適職を診断することもできます。
　また色んな切り口で仕事を探すことができ、どこで働くかというエリ
アから検索することも、必要なスキルや知識、職種カテゴリーで検索す
ることもできます。

　その仕事の具体的な業務内容、就業する方法、この職業で働く人の学
歴、労働条件、労働時間、平均年収、平均年齢など細かく記載されてお
り、職業を紹介する動画コンテンツも掲載されています。

　自己分析とあわせて行っていただきたい業界研究ですが、なぜその業
界で働きたいか、なぜその職種を担当したいか、明確に伝えられるよう、
これらのサイトも活用してみましょう。

Chapter 2

Web選考を受ける前にチェック！
自己分析と他己分析から適職を知る

01 実はあまり理解されていない、自己分析をする目的

「こうしたい」という自分軸を持とう

学生から「色んな仕事がありすぎて、自分が何をしたいのかわからないし、何から手をつけていいのかわかりません」という相談をよく受けます。それもそのはずです。独立行政法人 労働政策研究・研修機構の調査によると、何と日本にある職種の数は、約17,000種以上！

選択肢がありすぎると逆に選べないものです。

「何をどうしたらいいのかわからない」状態は、無駄な不安を増長させます。私たちは「こうしたい」という自分軸を持つことで、一歩が踏み出せるようになります。

その自分軸をつくる第一歩が、この自己分析です。

就職活動は単に就職先を決定するためだけにあるのではありません。自分らしさを活かし、成長・活躍できる仕事環境を見つけ出すために行います。

自己分析をする目的は、
- **自分が生きる上で何を大切にしているのか**
- **自分が大切にしている考え方や価値観**
- **自分の得意なことや苦手なこと**
- **自分の好きなことや嫌いなこと**

を改めて自分自身で認識し直すことです。

自分の価値観と強みを言語化すること。これが自己分析の目的です。

自己分析が無料で簡単にできる自己診断ツールは、ネット上に多く存

在します。「就活　自己分析　診断」と検索すれば、適性・適職診断はたくさん出てきます。

　これらの自己診断ツールで出てきたキーワードはあくまで参考材料です。就職活動は「自分という人材を企業に売り込む」営業活動です。
　その商品（自分）について深く理解し、言語化し、伝えることができなければ結果を出すことはできません。

　私たちは過去の行動の積み重ねでできています。
　なぜその価値観を持っているのか、どうしてそれが強みだと言えるのか、その根拠を明確にし、相手に伝わるストーリーを作成する必要があります。

大切な自己分析の3ステップ

自分を知って、言葉で表現しよう

自己分析は、

①**過去の振り返り**

②**分析**

③**言語化**

この順番に進めていきます。

①過去の振り返り

まず小学校時代、中学校時代、高校時代、大学時代、それぞれの年代で自分がどう過ごしてきたかを振り返ります。

とくに印象に残ったエピソードや、当時影響を受けた人や本など、プラスの経験（得意だったこと、嬉しかったこと、楽しかったこと）、マイナスの経験（苦手だったこと、悲しかったこと、つらかったこと）を書き出していきます。

これは誰かに見せることが目的ではありません。飾ることなく、自分の本心を率直に書き出していきましょう。

②分析

他己分析と「ジョハリの窓」を活用します。

「ジョハリの窓」とは、サンフランシスコ州立大学の心理学者ジョセフ・ルフト氏とハリー・インガム氏が発表した「対人関係における気づきのグラフモデル」のことで、自己理解を深めるワークでよく使われます。

「自身」が知っている自分の特徴と、「他者」が知っている自分の特徴の一致・不一致を4つの枠（窓）の中で分類することで、自己理解のズレに気づくことができます。

③言語化
　これまでの過去の振り返りや分析で出てきた価値観や強みをまとめていきます。

・自分らしさを表すキーワード
・それを具体的に表すエピソード
・自己分析をする過程で感じた率直な気持ち
　などを書き出していきます。

　そして、ここまでの分析を通じてわかった自分に、どのような仕事が向いているのか、後ほど紹介するアメリカの心理学者であるジョン・L・ホランド教授の提唱した職業選択理論から、適職を探していきます。

03 | 過去の振り返り

「自分がよくわかる」ライフラインチャートをつくろう

　それでは順番に取り組んでいきましょう。まず自分史とライフラインチャートを作成します。

〈自分史・ライフラインチャート〉
①印象に残ったエピソード

　それぞれの年代で印象に残っている主な出来事や、転機となった事柄を挙げてみましょう（例：中学校でバレー部に入部・3年次部長、引越し・転校など）。

②影響を受けた人・本

　当時の自分が影響を受けた人や本、テレビ番組などを挙げてみましょう。ここでいう人は身近な人だけでなく、著名人や歴史上の人物、漫画の登場人物などでも構いません。（例：小4の担任のY先生、アルバイト先の店長、坂本龍馬の伝記など）

③プラスの経験（得意だったこと、嬉しかったこと、楽しかったこと）

　自分のプラスの経験、成功体験などを書き出してみましょう。ここに挙げられたエピソードは自己PRや志望動機にもつながります。思いつく限りたくさん挙げてみましょう。

④マイナスの経験（苦手だったこと、悲しかったこと、つらかったこと）

　自分のマイナスの経験、失敗体験などを書き出してみましょう。苦手なことやつらかったことの中に、自分がやりたくないことが現れます。

何が向いているかわからなくても、したくないことを消去していくことで仕事を絞り込んでいく方法もあります。

　また、その苦難をどう乗り越えたのか、これは企業側が知りたい内容です。何らかの壁にぶつかり、それを乗り越えた経験のある人は、また別の壁が目の前に現れたとしても、同じように乗り越えようとします。採用担当者は「乗り越え方」を見ています。

⑤ライフラインチャート

　それぞれの時代のことを書き出したら、そのときの自分の感情を思い出しながら、ライフラインチャートを作成していきます。ライフラインチャートとは、自分のこれまで生きてきた道筋を、満足度の高低によって1本の線で表現したものです。横軸は時間軸、縦軸は満足度（高い、低い）を表しています。

	幼稚園～小学校時代	中学時代	高校時代	大学時代
①印象に残ったエピソード	・父の仕事で転校 ・妹が生まれる ・ピアノコンクールで入選	・テニス部に入部 ・生徒会長になる ・高校受験に失敗	・バスケ部のマネージャーになる ・母が病気で入院 ・大学受験に合格	・アルバイトを始める ・サークルに入る ・初めて海外旅行に行く ・簿記の資格取得
②影響を受けた人・本	・祖母 ・ピアノの先生 ・小4の担任の先生 ・ベートーヴェンの伝記	・部活のT先輩 ・友人Aさん ・推理小説	・高1の社会の先生 ・源氏物語 ・彼氏	・サークルのR先輩 ・バイト先のS店長 ・スティーブ・ジョブズ
③プラスの経験（得意だったこと、嬉しかったこと、楽しかったこと）	・ピアノコンクールで入選 ・友人に勉強を教えていた ・読書感想文コンクールで選ばれた	・テニス部でレギュラーになれた ・生徒会長となって文化祭を盛り上げた	・バスケ部で仲間と楽しく過ごした時間 ・第一志望の大学に合格した	・友人との海外旅行 ・簿記の試験に合格した ・バイトリーダーになった ・ゼミの活動
④マイナスの経験（苦手だったこと、悲しかったこと、つらかったこと）	・転校したときに、なかなか友人ができず苦労した	・高校受験に失敗した ・テニス部の練習がきつかった	・母が入院して家事が大変だった	・車の事故 ・失恋
⑤ライフラインチャート	満足度（プラス） 0 満足度（マイナス）			

ライフラインチャートを使った自己分析の仕方

ここに書くのは「自分にとって」の満足度です。

　例えば有名大学に合格することは、一般的に見れば満足度が高いことですが、そこが自分の志望していた大学でなければ満足度は低くなります。世間的に見てどうかではなく、自分のものさしに従って線を書いてみましょう。

　全て記入できたら、ライフラインチャートの山の部分と谷の部分に注目します。

　山の部分は、なぜ満足していたのか深掘りすることで、あなたの幸せの価値基準がわかります。谷の部分は、なぜ不満だったのか、またその状況をどうやって乗り越えたのかを考えることで、自分が幸せでないときの行動パターンや、それを乗り越えるための方法がわかります。

　また、山の部分の共通点からは、自分がどんな状態のときに満足なのかを知ることができます。そのような体験ができそうな仕事を選べば、モチベーションを高く保ったまま、仕事をし続けることができるでしょう。

　もし可能であれば、気心の知れた友人同士で、お互いに作成したライフラインチャートを見せ合いながら、これまでの経験を話し合ってみてください。

　例えば、先ほどのライフラインチャートであれば、

Q 「中学時代と高校時代の満足度が大きく違うけど、その理由は何？」

A 「中学の頃は生徒会長としてリーダーシップを発揮できていたけど、高校の頃は母親が入院して家事をする必要があって、行事や部活に積極的に参加できなかったから」

Q 「大学はまた満足度が上がっているけど、その理由は？」

A 「第一希望の大学に入れて母親も元気になり好きなことに時間を使えたし、バイトリーダーもやりがいがあったから」

このような会話になった場合、回答した側の価値観は「リーダーシップ」にあります。相手が何度も発する言葉に注目してください。それがその人の価値観を表すキーワードになります。

　就職活動においては、自分が裏方となって働くような環境を選ぶよりも、リーダーシップを発揮して活躍できるような職種を選ぶと満足度が高くなります。

04 うまく活用しよう！他己分析

「自分が知らない」自分を見つけ出す！

　次は「他己分析」です。自己の内面を深く見つめ直していく自己分析に対し、他己分析とは他者に自分のことを聞いて分析することです。

　意外と自分のことは自分ではよく見えていないものです。実際に他己分析をしてみた学生の大半が「自分が強みとして挙げたことと違うコメントをもらった」「そんなことが長所になると思っていなかった」などの感想を挙げています。

　自分の強みは、自分にとっては「当たり前のこと」で、それを長所とは捉えにくいものです。

　それでは実際に他者インタビューをしてみましょう。
　インタビューをする相手はこの2通りのパターンができるとベストです。

〈家族や友人といった身近な人たちへのインタビュー〉
　1つ目のパターンは、家族や友人といった身近な人たちへのインタビューです。

　例えば、
「小さいときの私ってどんなことが好きだった？」
「時間も忘れて夢中になっていたことはある？」
「絶対に譲らない頑固なところはあった？」
「私の強みは何だと思う？」

「小さい頃、どんなテレビ番組が好きだった？」

「誰か憧れていた人はいた？」

「小さいときと、今と性格が変わったと思うことはある？」

　など、少し気恥ずかしい気もしますが、聞いてみてください。

　「自分では気づいていなかった長所が見つかった」「強みなんてないと思っていたけど、意外とあった」「そういえば小さい頃○○が好きだったことを思い出した」などの感想をよく耳にします。

　このような自分のことをよく理解してくれている人からのコメントは、本当の自分探しにとても役立ちます。

　私は母親に幼い頃の自分について上記のような質問をしました。

　そこで出てきたのは「幼稚園の頃、絵本1冊ずつに名前を書いて並べて先生ごっこをしていたよ」「小学校の頃、お友達が学校を休むと、授業のノートを2枚書いてその子の家まで届けていたよ」「こうだと言い出したら、誰の意見も聞かない子だったわ」などと教えてくれました。

　私にとって誰かに何かを教えるということは、幼い頃から大好きなことだったようです。

　それが仕事につながっている今、働くことがとても自然で幸せです。

　スキルや知識は後からいくらでも身につけることができますが、強み（＝自然に上手にできてしまうこと）は、後から身につけられるものではなく、自分の一生の武器です。それを自分で把握しておくと自己肯定感も高まります。

〈出会ったばかりの人や、交流が浅い人へのインタビュー〉

　2つ目のパターンは、例えば大学の教授や就活で知り合った人、キャリアセンターの担当者、アルバイト先の普段関わりのない人など、あまり交流のない人へのインタビューです。

　こちらの方が、ハードルは高いですが、それをする価値はあります。

なぜなら、自分の「第一印象」を教えてもらうことができるからです。
　面接官は初対面の人がほとんどです。初対面の人にどう評価されるのか、どんな印象を与えるのか、あらかじめ知っておけば対策ができます。

　例えば就活で出会った人に「はじめは声をかけづらいと思ったよ」と率直に意見をもらえたとしたら、なぜそう思ったのか聞いてみてください。面接官も同じような印象を持つはずです。
　元々人見知りであったり、緊張していたりすると、普段の自分はなかなか出しづらいものです。面接時間は短いため、本来の自分の良さが伝わる前に終わってしまいます。
　第一印象は二度ありません。心の中を変えることは難しいですが、魅せ方は意識すればすぐに変えることができます。

　具体的にこのような問いかけをしてみましょう。
「（外見から）どんな印象を受けましたか？」
「外見の印象と比較して実際はどうでしたか？」
「私の長所や短所だと思うことを率直に教えてください」
「向いていそうな仕事や業界は何だと感じますか？」
「他の人に紹介するとしたら、どんな人だと紹介しますか？」

　どちらも相手の大事な時間を使って答えてもらいます。協力をしてくれた方々へ感謝の気持ちを伝えることも忘れずに。

05 「ジョハリの窓」を使った 分析方法

さらに自分を深堀りしよう!

　自己分析と他己分析が両方同時にできるのが「ジョハリの窓」です。このフレームを活用することで、他者の意見を取り入れた自己分析ができます。

〈ジョハリの窓の実施方法〉

①知人を4～8人ほど集め、それぞれ実施シートと人数分の白紙、筆記用具を準備します。

※実施シートは右のQRコードより、ダウンロードすることが 可能です。

②自分の性格だと思う要素の番号を複数選び、その番号を書き出します。

③相手の性格だと思う要素を同じく別の紙に書き、その人に渡します。

④全員が書き終わると、手元に人数分の紙が揃います。（自分と相手の紙）

⑤自分も相手も書いている番号を（開放の窓）に書きます。

⑥相手が書いて自分が書いていない番号を（盲点の窓）に書きます。

⑦自分が書いて相手が書いていない番号を（秘密の窓）に書きます。

⑧誰も書いていない番号を（未知の窓）に書きます。

　（人数が多い場合、偏りが出るため選ばれた回数を「正の字」で記入しておくと良いです）。

⑨書き出された結果を元に分析します。

〈性格の要素〉

①頭が良い	②発想力がある	③段取力がある	④向上心がある	⑤行動力がある
⑥表情が豊か	⑦話し上手	⑧聞き上手	⑨親切	⑩リーダー資質がある	⑪空気が読める
⑫情報通	⑬根性がある	⑭責任感がある	⑮プライドが高い	⑯自信家	⑰頑固	⑱真面目
⑲慎重				

①開放の窓（開かれた窓）

　ここに書かれているのは、自分も他者も知っている自分の性質です。この窓が広いほど、自己開示ができている状態です。開放の窓の項目は、自分も他者も相互に理解している側面であり、この窓の広い人（ここにたくさんの項目がある人）は、自分らしさがみんなに伝わっている状態で、無理なく周囲の人と良い人間関係を築くことができます。

②盲点の窓（気づかない窓）

　ここに書かれているのは、自分は気づいていないが、他者は知っている自分の性質です。この窓の項目が多い場合は、自己分析ができていない、もしくは自分が気づいていない部分が多いということです。

　ポイントは、自分には見えていない部分も含めて「自分」ということです。自分が気づいていなかった自己の性質を理解し受け入れていくと、開放の窓が大きくなっていきます。

③秘密の窓（隠された窓）

　ここに書かれているのは、自分は知っているが、他者は気づいていない自分の性質です。この窓の項目が多い場合は、内に秘めている部分が多く、自己開示ができていない状況です。

　そのため、この窓が大きい人は、他者が自分のことを理解してくれないと感じることが多かったり、本当の自分を出すことを遠慮していたりします。

　少し勇気がいりますが、自分について自己開示をしていくことで、他者とのコミュニケーションがとりやすくなります。

④未知の窓（閉ざされた窓）

　ここは自分も他者も気づいていない部分で、これから新たに開発されていく可能性がある部分です。

　また、複数人数を集めて実施することが手間だと感じる方は、自己分析診断テスト「ポテクト」（運営：株式会社シャイン）を活用してみてください。「適性検査150問＋自己分析50問」によるWebアンケート方式で、実施時間は20〜30分程度かかりますが、実際の企業の採用や人材育成の場面でも導入されている診断テストです。

〈例：ジョハリの窓シート〉

ジョハリの窓シート

主観的評価が高い　　　　　　　　　　　主観的評価が低い

客観的評価が高い

		【確信できる資質】主観的評価も客観的評価も高い	主観	客観	主客平均			【控え目な資質】主観的評価 ＜ 客観的評価	主観	客観	主客平均
1	発想力	周りが驚くような斬新なアイデアを出す力	60.4	72.2	66.3	1	自信心	自分のことを優れていると思う心	55.2	71.6	+16.4
2	着想力	物事を解決するためのアイデアを出す力	57.7	69.9	63.8	2	前向性	考え方を良い方向に進めようとする性格	47.8	62.7	+14.9
3	自優心	自分のことを優れていると思う心	55.2	71.6	63.4	3	競争心	無意識に競争を好む性格	54.2	68.9	+14.8
4	統率力	多くの人々をまとめて率いる力	58.2	68.4	63.3	4	求心力	人を引きつけ、人々の中心となる力	55.4	69.5	+14.1
5	掌握性	主導権を握るために周囲にいる人の状況を把握したい性格	56.2	70.1	63.1	5	習得力	学問や技芸を短期間でものにできる力	53.7	67.7	+14.0
6	求心力	人を引きつけ、人々の中心となる力	55.4	69.5	62.4	6	掌握性	主導権を握るために周囲にいる人の状況を把握したい性格	56.2	70.1	+13.9
7	競争心	無意識に競争を好む性格	54.2	68.9	61.5	7	理解力	求められることを瞬間的に把握し、判断できる力	54.4	66.9	+12.6

客観的評価が低い

		【気づかれにくい資質】主観的評価 ＞ 客観的評価	主観	客観	主客平均			【眠っている資質】主観的評価も客観的評価も低い	主観	客観	主客平均
1	責任感	果たすべき力を遂行しようとする感情	45.9	14.6	−31.3	1	持続力	同じことをやり続けることができる力	35.1	15.9	25.5
2	近感性	一般の人と近い感性を持つ性格	52.1	21.5	−24.6	2	従順性	指導や指示に対して意見せずに受け入れ従う性格	33.2	24.6	28.9
3	執着性	自分が納得できるまでこだわる性格	48.2	23.6	−24.6	3	慎重	注意深く、軽々しく判断しない姿勢	38.3	19.5	28.9
4	持続力	同じことをやり続けることができる力	35.1	15.9	−19.2	4	均衡性	物事や生活のバランスをとることを重視する性格	37.8	21.0	29.4
5	慎重	注意深く、軽々しく判断しない姿勢	38.3	19.5	−18.8	5	責任感	果たすべき務めを遂行しようとする感情	45.9	14.6	30.2
6	細緻性	細かいところまで気になる性格	45.1	27.5	−17.6	6	自制心	周りに流されそうな感情や欲望を抑える心	43.5	26.6	35.0
7	自制心	周りに流されそうな感情や欲望を抑える心	43.5	26.6	−16.9	7	根性	継続的に簡単に屈しない強い精神	32.7	37.6	35.2

　無料で受検することができますので、下記QRコードよりお入りください。

〈例：自己分析診断テスト「ポテクト」〉

資質概要シート

あなたを一言で表すと…

「周りが驚くような斬新なアイデアを出す力」
が強く、
「同じことをやり続けることができる力」
が弱い、
クリエイタータイプ

あなたの力が発揮できる役割は…

順位	役割	説明	値
1位	クリエイター	新しい価値を生み出す場面で力を発揮できる	75.5
2位	マネージャー	チームの中心となって統率する場面で力を発揮できる	75.3
3位	フィールドワーカー	主体的に行動して開拓していく場面で力を発揮できる	65.1
4位	コミュニケーター	人と交際する場面で力を発揮できる	56.6
5位	プランナー	企画や段取りを考える場面で力を発揮できる	44.9

自分自身で自分の強みをどのように考えているか…

順位	資質	説明	値
1位	発想力	周りが驚くような斬新なアイデアを出す力	60.4
2位	統率力	多くの人々をまとめて率いる力	58.2
3位	着想力	物事を解決するためのアイデアを出す力	57.7
4位	掌握性	主導権を握るために周囲にいる人の状況を把握したい性格	56.2
5位	主体性	自主的に行動しようとする態度	56.1

自分自身で自分の弱みをどのように考えているか…

順位	資質	説明	値
1位	根 性	継続的に簡単に屈しない強い精神	32.7
2位	従順性	指導や指示に対して意見せずに受け入れ従う性格	33.2
3位	持続力	同じことをやり続けることができる力	35.1
4位	均衡性	物事や生活のバランスをとることを重視する性格	37.8
5位	慎 重	注意深く、軽々しく判断しない姿勢	38.3

テストから算出された客観的に分析した強みは…

順位	資質	説明	値
1位	発想力	周りが驚くような斬新なアイデアを出す力	72.2
2位	自優心	自分のことを優れていると思う心	71.6
3位	掌握性	主導権を握るために周囲にいる人の状況を把握したい性格	70.1
4位	着想力	物事を解決するためのアイデアを出す力	69.9
5位	求心力	他人を引きつけ、人々の中心となる力	69.5

テストから算出された客観的に分析した弱みは…

順位	資質	説明	値
1位	責任感	果たすべき務めを遂行しようとする感情	14.6
2位	持続力	同じことをやり続けることができる力	15.9
3位	慎 重	注意深く、軽々しく判断しない姿勢	19.5
4位	均衡性	物事や生活のバランスをとることを重視する性格	21.0
5位	執着性	自分が納得できるまでこだわる性格	23.6

自己評価と客観的評価からわかる、自他共に認める確信できる強みは…

順位	資質	説明	値
1位	発想力	周りが驚くような斬新なアイデアを出す力	66.3
2位	着想力	物事を解決するためのアイデアを出す力	63.8
3位	自優心	自分のことを優れていると思う心	63.4
4位	統率力	多くの人々をまとめて率いる力	63.3
5位	掌握性	主導権を握るために周囲にいる人の状況を把握したい性格	63.1

自己評価と客観的評価からわかる、自他共に認める確信できる弱みは…

順位	資質	説明	値
1位	持続力	同じことをやり続けることができる力	25.5
2位	従順性	指導や指示に対して意見せずに受け入れ従う性格	28.9
3位	慎 重	注意深く、軽々しく判断しない姿勢	28.9
4位	均衡性	物事や生活のバランスをとることを重視する性格	29.4
5位	責任感	果たすべき務めを遂行しようとする感情	30.2

系統別評価シート

あなたを系統別に分類すると…

あなたの資質を系統別に分類すると、「頭脳系」が強いと判断できます。頭を使い情報を整理・構築し、アウトプットする場面で力を発揮できるタイプです。

1位	頭脳系	頭を使い情報を整理・構築し、アウトプットする場面で力を発揮できる
2位	行動系	果敢に挑戦できる推進力で、精力的に活動する場面で力を発揮できる
3位	対人系	人と向き合い対話・交流し、相手と関係を深める場面で力を発揮できる
4位	自尊系	己を尊び理想が高く、制限された自由に動ける場面で力を発揮できる
5位	精神系	強い心で自分をコントロールし、忍耐強く遂行する場面で力を発揮できる

系統別資質

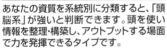

系統	値
頭脳系	60.3
行動系	56.4
対人系	54.5
精神系	32.7
自尊系	46.1

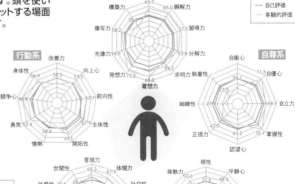

凡例：
— 平均
— 自己評価
— 客観的評価

06 価値観と強みの言語化

自分らしさを表すキーワードを書こう！

　それではここまで集めた資料を元に、自身の価値観や強みについてまとめてみましょう。

	自分らしさを表すキーワード （価値観・強み）	それを具体的に表すエピソード （言動・行動）
①		
②		
③		
④		
⑤		

　「自分らしさを表すキーワード（価値観・強み）」の欄に、これまで出てきたキーワードを書き出してみてください（例：世話好き、新しいことに挑戦、自由、コツコツ継続できる、行動力があるなど）。

　そして「それを具体的に表すエピソード（言動・行動）」の欄に、そのキーワードが出た理由（具体的なエピソード）を書き出してみましょう。

　このエピソードが後からの自己PRや志望動機作成時に役立ちます。

　自身の過去（これまで頑張ってきたこと）、今（就職活動）、そして未来（その会社に入って挑戦したいこと）がつながったストーリーを持って選考に臨むことが、Web選考突破の秘訣です。

　自分軸が明確になると、周りの意見に振り回されることがなくなりま

す。

　働くのは自分です。親が…世間体が…という基準では、就職後ミスマッチが起こる可能性が高まります。

　企業説明会では魅力ある採用担当者が現れ、企業の素晴らしさをアピールしてきます（採用担当者は所属する会社をアピールする営業マンです）。新しい企業の説明を聞くたびに興味が移り変わり、「結局何がしたいのかわからない」という状態に陥ってしまう学生を何名も見ています。

　あらかじめ自己分析ができていれば、周囲に振り回されることなく就職活動を進めていくことができます。

　そして、自己分析を通して感じた今の率直な気持ちも書いておきましょう。

　私もキャリアコンサルタントの勉強をする中で、これらの自己分析を一通り行いました。当時の資料は今も大事に持っていますし、見返しながら「全然変わらないなぁ」と感じます。

　結局、何をするかは変わっても、自分の根本的な価値観や強みは変わらないのです。

　幼い頃から「人の面倒を見たがりでお節介」な私は、今それがプラスαとして評価される仕事なので楽しく働いていますが、もしそれが否定される状況であれば物足りなさを感じることでしょう。

　あなたの良さを最大限に発揮できる仕事を見つけていきましょう。

適職を見つける「ホランド理論」

自分に向いている仕事を探そう!

　ここで有名なキャリア理論の一つ、アメリカの心理学者であるジョン・L・ホランド教授の提唱した職業選択理論をご紹介します。

　ホランド理論では、働く人のパーソナリティ（性格）を６つの「パーソナリティ・タイプ」に分類し、それぞれどのような仕事が向いているか分析しています。

　私たちは、趣味や価値観などがよく似た友人といる方が、居心地が良いのと同様に、心理的に「ぴったりした」職業の方が無理なく力を発揮できます。

　パーソナリティ・タイプとは、生まれつきの気質や、育ってきた環境、出会った人や物事、受けた教育などによって形成されるものです。これに対し職業を４つの次元（データ、アイデア、ひと、もの）で分類しています。そしてこの組み合わせから適職を判断していきます。

R: 現実的　I: 研究的　A: 芸術的　S: 社会的　E: 企業的　C: 慣習的

もの　アイデア　データ　ひと

内向的　外向的

ホランド理論を使った
適職の見つけ方

隣同士の要素は似通った特徴を持っており、対角線上は真逆の要素を持っています。私たちは、その環境に合わせて行動を変えることができます。しかし持って生まれた気質を完全に変えることはできません。自分の気質と真逆の能力が求められる仕事につけば、無理をする必要があり、ストレスがたまります。自分の才能や強み、興味などを実現できる仕事がどの分野に近いのか探してみてください。

〈現実的（Realistic）タイプ〉

・特徴

　機械やものを扱うことが好きで、手や道具、機械、電気装置などを使う仕事を楽しむ。物、道具や機械、動物などを対象とした、明確で、体系化された操作を伴う活動が好き。

・現実的タイプを表すキーワード

　物質主義的、現実的、独断的、実利的、誠実な、通常の、頑固な、粘り強い、控え目な

・適職

　機械やものを扱う仕事、動物にふれる仕事、職人の仕事

〈研究的（Investigative）タイプ〉

・特徴

　科学的、学究的な活動が好きで、分析的で、好奇心が強く、思考した問題を解決することを楽しむ。抽象的にものを考えるのが得意で、論理的思考力、数理的能力が高い。

・研究的タイプを表すキーワード

　分析的、注意深い、知的、合理的、複雑、内省的、批判的、好奇心旺盛、几帳面

・適職

　研究する仕事、調査する仕事、考える仕事

〈芸術的（Artistic）タイプ〉

・**特徴**

　表現力が豊かで自由が好き。独創的な才能があり、あいまいで、体系化されていない活動を好む。美術、音楽、演技、文筆、話術の能力があり自己表現に価値を置く。

・**芸術的タイプを表すキーワード**

　想像力に富む、直感的、きまぐれ、非実利的、開放的、独創的、表現力に富む、感受性が強い、複雑

・**適職**

　クリエイティブな仕事、感性を使う仕事、美術やデザインの仕事

〈社会的（Social）タイプ〉

・**特徴**

　他者に影響を与えるような情報伝達、訓練や教育、治療や啓蒙のような活動が好き。他者を援助したり教えたりすることに喜びを感じ、社会的、倫理的な課題に価値を置く。

・**社会的タイプを表すキーワード**

　頼りがいがある、信頼できる、協力的、理想主義的、社交的、共感的、親切な、寛容、説得力がある

・**適職**

　人と接する仕事、人に教える仕事、人に奉仕・援助する仕事

〈企業的（Enterprising）タイプ〉

・**特徴**

　組織目標の達成や経済的利益を目的とした他者との交渉を伴う活動が好き。自信家で社交的で話術に優れておりリーダーシップがある。周囲に影響を与えることに価値を置く。

・企業的タイプを表すキーワード

　貪欲、精力的、熱心、楽天的、野心的、自己顕示欲が強い、自信家、外向的、社交的

・**適職**

　企画・運営する仕事、人や社会を動かす仕事、リーダーシップを発揮する仕事

〈慣習的（Conventional）タイプ〉

・**特徴**

　決まりに従い同じことを繰り返すことが好きで、事務処理が得意。情報を明確に秩序立てて整理できる活動を好む。記録をとったり、計算したりすることを楽しむ。

・**慣習的タイプを表すキーワード**

　用心深い、順応的、内気、規律正しい、徹底的、従順な、有能、事務的、融通が利かない

・**適職**

　事務的・規則的な仕事、練習すると上達する仕事、マニュアルがある仕事

〈**具体的な職業の例**〉

　R：現実的

建設機械オペレーター、消防士、運転手、パティシエ、漁師、機械修理工、建築士、自動車整備士、動物園飼育係、酪農家、料理人、植木職人など

　I：研究的

科学研究者、学芸員、システムエンジニア、調査員、薬剤師、臨床検査技師、工学研究者、歯科医師、獣医師、ゲームクリエイターな

ど

> ### A： 芸術的
> 声優、タレント、ダンサー、イラストレーター、インテリアコーディネーター、Webデザイナー、カメラマン、演出家、翻訳家など
>
> ### S： 社会的
> 医師、看護師、児童相談員、ホテル・フロント係、栄養士、スポーツトレーナー、教師、司書、美容師、保育士、ホームヘルパー、航空客室乗務員など
>
> ### E： 企業的
> 営業、アナウンサー、裁判官、経営者、プロスポーツ監督、コンビニ店長、新聞記者、政治家、生命保険外交員、放送ディレクター、ホテル支配人など
>
> ### C： 慣習的
> 事務員、銀行出納係、航空管制官、コンピュータ・プログラマー、税理士など

　ホランド理論の根底には、［データ／アイデア］と［ひと／もの］という二極化された要素があります。

　全ての職業が多かれ少なかれ、これらの要素を持っていますが、自分はどちら寄りだろう？　という見方をすることもおすすめです。

　記録や検証、事実やデータを体系化するような［データ］を扱う方が好きなのか、創造したり、発見したり、抽象的なことを考えたりする［アイデア］を元に仕事をしたいのか。

　人を援助する、説得する、動機づける、指示するなど［ひと］と関わる仕事がしたいのか、生産、輸送、修理など［もの］を扱う仕事がしたいのか。自分自身と向き合ってみましょう。

Chapter 3

Web選考を受ける前の事前準備！
環境と自分を整える

01 Web選考通過のための 必要機材4選

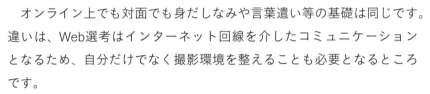

　オンライン上でも対面でも身だしなみや言葉遣い等の基礎は同じです。違いは、Web選考はインターネット回線を介したコミュニケーションとなるため、自分だけでなく撮影環境を整えることも必要となるところです。

　環境設定も含め動画撮影とWeb面接に必要な事前準備をしていきましょう。

後悔しない機材を揃えよう！

〈準備リスト〉
①パソコンかスマートフォン
②カメラ
③ライト
④マイク付きイヤホン

①パソコンかスマートフォン

パソコン使用　リングライト　WEBカメラ　LEDライト　ヘッドセット

　最近のパソコンはカメラやマイクが内蔵されているものがほとんどなので、基本的にそれだけでWeb面接を受けることは可能です。動画撮影に関しては、最新のスマートフォンであれば十分高画質な動画が撮影できます。

　「スマートフォンで面接を受けても大丈夫ですか？」という質問をよく受けます。スマートフォンでWeb面接を受けることも可能です。そ

の場合は、本体をしっかり固定しましょう。このようなスマホスタンドが1,000円以内で販売されています。

しかし、スマートフォンよりパソコンの方が、処理能力が高くトラブルも起こりにくいのは事実です。

小さな画面で操作するよりもパソコンの方が設定もしやすいですし、もしパソコンがフリーズしても、その場合はスマートフォンで…と代替機材があると安心です。

iPadは画面が大きく操作がしやすいので、このように固定しネット環境が安定していれば問題ないでしょう。

自分が面接に集中できる機材を用意することをおすすめします。

②カメラ

カメラが内蔵されていないパソコンをお持ちの方や、カメラの画質が気になる場合は、外付けWebカメラを用意しましょう。

カメラの画質は解像度が高ければ美しく写りますが、それに比例してデータ量も大きくなるので、通信環境やパソコンのスペックを考慮する必要があります。

企業側がどのようなWeb面接システムや会議システムを指定してくるかわかりませんが、今テレワークで広く利用されている「Zoom」や「Teams」などの会議システムは、動画の解像度の制限がある場合がほとんどです。無駄に高スペックなものを用意しても意味がありません。

例えばロジクールのWebカメラは千円台から販売されています。高額なものもありますが、2,000～3,000円のもので十分でしょう。

③ライト

　ライトがあるのとないのとでは相手に与える印象に大きな差が出ますので、ぜひ用意しましょう。エントリーシートに貼る写真を写真館で撮影する場合、レフ版やフラッシュでたくさんの光を浴びて撮影します。ライトがあるだけで、明るく健康的で爽やかな印象が演出できます。第一印象を良くするためにも、ライトを活用することをおすすめします。

　一般的に販売されている照明の色は3種類あります。
・オレンジ色っぽく温かみのある光の色である「電球色」
・太陽の明るさに近い自然な光の色である「昼白色」
・白っぽく青みがかった最も明るい色である「昼光色」
　この中で、自然な光の色である「昼白色」が、顔を自然に照らしてくれるためおすすめです。

　普段自宅で使っているデスクライトがあればそれで構いません。
　このようなLEDのライトスタンドも2,000円以内で販売されています。

　よく「女優ライト」と呼ばれる「LEDリングライト」も2,000円くらいで販売しています。正面から当てる「リングライト」が最も顔を美しく照らすことができます。こちらは電源がUSBになっているのでご注意ください。

百均にもスタンドライトが売っています。
自分が気に入ったものを揃えましょう。

④マイク付きイヤホン

　パソコンにマイクが内蔵されていれば用意するかどうか迷うかもしれません。しかしイヤホンがあった方が相手の声も聞き取りやすいですし、自分の声も伝わりやすいです。またノイズが入りにくくなります。

■イヤホンの選び方
・有線か無線か

　Web面接におすすめなのは有線タイプのイヤホンです。音質や接続が安定しますし、充電切れの心配もありません。ワイヤレスは回線の調子に左右されやすく音飛びの不安があります。

・ヘッドセットかイヤホンか

　このようなヘッドセットと迷う方もいるでしょう。ヘッドセットのメリットは、マイクの位置が口元に近く自分の声がクリアに伝わりやすいことです。デメリットは大きいので目立ちます。髪型が崩れやすく見た目の印象に影響する可能性もあります。

　イヤホンは、ヘッドセットに比べるとノイズは入りやすいですが、目立たないので顔全体の印象を左右することがありません。色は白か黒がおすすめです。

　イヤホンの形状は耳に入れるタイプや、かけるタイプ等ありますが、どの形状でもOKです。1,000〜2,000円くらいで用意できます。

　もっと音質にこだわりたいという方には5,000円くらいから、このようなコンデンサーマイクもありますので検索してみましょう。

02 どこで受ければいい? 意外と大事な場所選び

撮影場所3選!

　Web面接や動画撮影を実施する場所は自宅が理想ですが、自宅で受けることが難しい場合もあるでしょう。そんなとき、カフェで面接を受けると周りの声がうるさくて面接官の声が聞き取れなかったりしますし、屋外では風の音がマイクに入ってしまい音声をクリアに伝えることができなかったりします。

　自宅が使えない場合は、以下のような場所がおすすめです。
①**コワーキングスペース**
②**レンタルスペース**
③**大学**

①コワーキングスペース

　コワーキングスペースとは、専用の個室スペースではなく、共有型のオープンスペースで様々な人が仕事をしている場所です。カフェよりは静かでWi-Fiやコンセントも用意されています。「ドロップイン」という時間単位での利用も可能です。料金は場所によって異なりますが、1時間300円くらいで利用できるところもあります。

　最近ではWeb会議用のテレフォンブースを用意しているところもあり、完全個室でWeb面接を受けることもできます。座席に限りがあるので事前に予約ができるかどうか確認しておきましょう。
　コロナ禍におけるテレワーク（ICTを活用した場所や時間にとらわれない柔軟な働き方）の増加で、このような場所も増えています。地元の

コワーキングスペースを検索してみましょう。

②レンタルスペース

　今は完全個室のテレワーク向けレンタルスペースも充実しています。コワーキングスペースだと周りが気になるという方は、こちらがおすすめです。テレワーク用に必要な備品（パソコンやライトなど）がセットされており、背景もシンプルにデザインされていたりします。

　自宅でWeb面接等を行わないのであれば、先ほどご紹介した機器は準備せず、全て揃ったレンタルスペースを借りて実施することも選択肢としてはあるでしょう。

　料金は場所によって異なりますが、1時間500円くらいで利用できるところもあります。

③大学

　コワーキングスペースもレンタルスペースも、使用するには料金がかかるので、ここにお金をかけたくない場合は大学という選択肢もありま

す。空き教室は大学によって使用ルールが異なるので、事務局に確認してから使うようにしましょう。

　自分だけが静かに使える場所というのは意外と少ないかもしれません。また場所によってはWi-Fiの状況が不安定なケースもありますので注意が必要です。

　他にも身近なカラオケや漫画喫茶、ネットカフェという選択肢もありますが、カラオケは意外と周りの歌が聞こえてきます。漫画喫茶も個室であればいいですが、大きな声で話すと周りのお客様の迷惑になります。

　電波が整っており、雑音の少ない環境をあらかじめ見つけておきましょう。

03 選考の生命線！ネット環境

インターネット回線の速度の確認はした？

　場所を決めるのと同時に確認しておきたいのがネット環境です。とくにWi-Fiの速度が遅いと用意してきたことが全て台無しになってしまいます。

　事前にインターネット回線の速度を調べておきましょう。Netflix社の「fast.com」でインターネットの回線速度を無料で調べることができます。
　必要な回線速度はサイト閲覧で10Mbps、オンラインゲームで100Mbpsが目安だと言われており、面接で使うようなWebサービスを利用する場合、20Mbpsくらいは必要です。画像の乱れもなく快適に使いたいのであれば30Mbps以上は確保したいところです。

　速度が遅い場合、自宅であれば
・**いったんルーターを再起動する**
・**Wi-Fiルーターの設置場所を変えてみる**
ことを試してみてください。

　それでもダメならWi-Fiルーターを新しいものに変えた方が安心です。
　変えることが難しければ、ポケットWi-Fiのレンタルサービスもあります。持ち運び可能で月4,000円前後で利用できます。

　またパソコン等をつなぐコンセントが近くにあるか確認し、なければ機材の充電もしっかりしておきましょう。

04 面接官のストレス！
「音」には細心の注意を

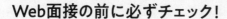

Web面接の前に必ずチェック！

音についてこのような調査があります。

Jabra（GNオーディオジャパン㈱）の「オンライン会議と相手に抱く印象に関する調査」によると（https://prtimes.jp/main/html/rd/p/000000002.000072842.html）、「オンライン会議に関して不満やストレスを感じることはあるか」との問いに対し、1位が「発言タイミングに困る」2位が「相手の音声が聞きづらい」となっています。

また、「オンライン会議の際、何を基準に相手の印象の良さを決めているか」との問いに対し、1位が「話している音声がクリアに聞こえるか」2位が「通信環境が整っているか」となっています。

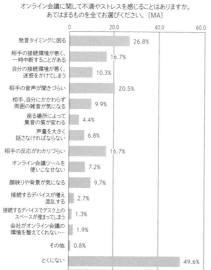

オンライン会議に関して不満やストレスを感じることはありますか。
あてはまるものを全てお選びください。〔MA〕

- 発言タイミングに困る 26.8%
- 相手の接続環境が悪く、一時中断することがある 16.7%
- 自分の接続環境が悪く、迷惑をかけてしまう 10.3%
- 相手の音声が聞きづらい 20.5%
- 相手、自分にかかわらず周囲の雑音が気になる 9.9%
- 座る場所によって集音の質が変わる 4.4%
- 声量を大きく話さなければならない 6.8%
- 相手の反応がわかりづらい 16.7%
- オンライン会議ツールを使いこなせない 7.2%
- 顔映りや背景が気になる 9.7%
- 接続するデバイスが増え混乱する 2.7%
- 接続するデバイスでデスク上のスペースが埋まってしまう 1.3%
- 会社がオンライン会議の環境を整えてくれない… 1.9%
- その他 0.8%
- とくにない 49.6%

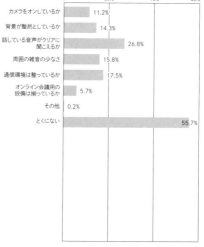

オンライン会議の際、何を基準に相手の印象の良さを決めていますか。
あてはまるものを全てお選びください。〔MA〕

- カメラをオンしているか 11.2%
- 背景が整然としているか 14.3%
- 話している音声がクリアに聞こえるか 26.8%
- 周囲の雑音の少なさ 15.8%
- 通信環境は整っているか 17.5%
- オンライン会議用の設備は揃っているか 5.7%
- その他 0.2%
- とくにない 55.7%

音声がクリアかどうかで相手に与える印象が変わるのです。

　マイクは音をよく拾う分、口や鼻からの息がかかったり、マイクに紙や服があたったりするとノイズ音が聞こえます。

　このような音が入ってしまうと、それ自体が気になり肝心の話に意識が向きません。

　また洗濯機や掃除機やテレビなどの生活音、電話やインターホンの音もよく響きます。自宅でWeb面接を行う場合、家族にその時間帯を伝え静かにしてもらうようお願いしましょう。電話の着信音や、インターホンの音を消しておくと安心です。

　また、パソコンの通知音も気になります。

　メール受信時に着信音が鳴るように設定されていませんか？　通知音はオフに設定しておきましょう。またスマートフォンをマナーモードにしていても、机の上に置いていると振動音が響きます。

　余計なことで自分や相手の集中力が切れてしまわないよう十分備えておきましょう。

05 最高の第一印象を与える ライティング

顔が暗いのはNG!

オンライン上でパッと見たときの第一印象を決める要因は表情と光です。

基本的に顔が暗くなってしまうのはNGです。例えば窓を背景にすると逆光状態になるため、自分の顔に影ができ暗いイメージになってしまいます。スペースの関係で背景が窓になる場合はカーテンなどで光を調整しましょう。

リングライトは顔全体をバランス良く照らしてくれるため正面に置きます。

ライトスタンドであれば、斜め上くらいから光があたるように調整し、顔に変な影ができないように調整します。

また机の上に白い紙を置いておくと反射でよりキレイに見えます。

他にも例えばZoomであれば明るさを調整する機能があります。Zoomを立ち上げて「ビデオ設定」を開き、設定の中から「ビデオ」を選択します。

Windowsであれば「外見を補正する」をオンにし、Macであれば「ビデオフィルタを適用する」と「低照度に対して調整」で照度を変えることができます。これでライトが必要ないぐらいに補正できます。

06 押さえていますか? 映える構図とアングル

上から目線にならないために

Web選考で面接官に見えるのは上半身です。オンライン上に映る画面の構図によっても相手に与える印象は変わります。自分の位置はこのように画面の中心で顔：体が１：１となるようにセットしましょう。

その際、頭が切れてしまわないよう画面の中におさめます。

また顔を近づけすぎると歪んで大きく見えてしまうため、カメラから70センチ以上離れましょう。

構図とともに大切なのがアングルです。

Webの場合ですと直接対面するのであれば起こらない「上から目線」がカメラの位置によっては起こってしまいます。

カメラを内蔵しているパソコンを普通に机の上に置いて使うと、カメラが目線よりも下になるため覗き込む形になります。

これでは相手に圧迫感を与えてしまいます。本や空き箱を使って高さを目線に合わせましょう。

上半身しか映らないことを逆にチャンスと捉え、どうしたら直接会いたいと思ってもらえるか色々試してみましょう。

環境を整える

07 ｜ どうすればいい?
最適な背景

背景は白色がベスト

　基本的に背景は白い壁だけが映るところがベストです。

　白色は清潔感があり、印象を明るく見せることができます。業種によって何かアピールすることが可能であれば、アピールしたいものを映すことも良いでしょう。

　状況的に白い壁を背景にするのが難しいようであれば、シンプルで淡い色のカーテンの前もおすすめです（その場合逆光とカーテンの汚れには気をつけましょう）。

　背景を白い布で隠すことも可能ですが、シワにならないようアイロンをかけてピンと張ることが意外と難しかったりします。

　このような撮影用の背景スタンドも1,000円前後で売られているので検討してみても良いでしょう。

　間違っても背景に生活感が丸見えで片付いていない部屋が映ってしまうことがないようご注意ください。

　バーチャル背景についての質問もいただきます。バーチャル背景が禁止という企業はあまり見かけませんが、使わない方がいいでしょう。

　人物を自動認識で切り取っているので、あなた自身がぼやけてしまう場合がありますし、身振りや手振りがバーチャル背景と一体化して途切れて見えなくなることもあります。

　面接中に余計な心配をしなくてすむようにWeb面接に適した環境に整えておくことが一番です。

08 就活の基礎！身だしなみ

身だしなみは対面時同様、重要

　自宅で受験する場合であっても、基本的に身だしなみは対面時と同じです。基本はスーツで、もし「平服で」と指定された場合はオフィスカジュアルにします。具体的なイメージが湧かない場合は、オンライン説明会などに登場する社員の服装や身だしなみを参考にしましょう。オンライン上では上半身のみがアップで映ります。

　襟元が汚れていたり、シャツにシワがあったりするとだらしない印象を与えてしまいます。また一緒に映っているもので、その人の印象が左右されるため、背景の汚れなどにも注意しましょう。

〈男性編〉

髪型・顔
- ☑ 寝ぐせはないか
- ☑ ヒゲの剃り残しがないか（モミアゲも伸びていたらカット）
- ☑ 目やにがついてないか
- ☑ 鼻毛が出てないか

　男女ともに基本は「清潔感」です。

　前髪が目にかかっている、寝ぐせがついたままのヘアスタイルでは、だらしなく見えます。

　動画撮影や面接前には美容院へ行き、好印象に見えるヘアスタイルのアドバイスをもらうこともおすすめです。

　顔がアップで映ります。ヒゲや鼻毛、目やになども鏡でチェックしてから臨みましょう。

　また、ネクタイによって相手に与える印象が大きく変わります。

　大きな柄やごちゃごちゃした柄、派手なピンクや紫、季節外れの色は避けましょう。相手にどう見せたいかによって色を変えると良いでしょ

う。

・**知的さや真面目さを表したいときには青や紺**

・**情熱的に見せたいときにはエンジ**

・**明るく元気に見せたいときには薄い黄色**

・**保守的で落ち着いた印象を与えたいときにはグレー**

　など、新しく購入する場合は色や柄を店員さんに相談することもおすすめです。

〈女性編〉

髪型・顔
- ☑ 頭を下げても前髪が下りてこないか
- ☑ メイクは厚化粧になってないか（とくに目元）
- ☑ 髪を結んだとき、後れ毛が出てこないか
- ☑ 目やにがついていないか

　女性の場合も清潔感がキーワードです。

　髪型でとくに気になるのは前髪です。お辞儀をしたときなどに前髪が下りてこないようピシッと固めましょう。前髪が浮いていると影になり顔が暗く見える原因になります。

　男女とも共通ですが、おでこは出した方が自信にあふれて見えます。

　全面的に出さなくてもいいですが、少なくとも前髪で目が隠れないようにしましょう。

　またメイクは普段より少し濃いめにしましょう。

　つけまつげや極端に太いアイラインはNGですが、薄いメイクでは、カメラを通すとノーメイクのように映ってしまう場合があります。

　カメラ映りを良くする簡単印象アップメイクのポイントが3つあります。

①**リップやチークは血色が良く見えるピンク系を選択**

②**シェーディング（あごのラインにそってブラウンを入れる）で立体感を見せる**

③**眉は5ミリ以上の太さを目安に自然な形を描く**

　メイクも社会人としてのマナーの一つです。フレッシュさと清潔感を表しましょう。

09 意外に差がつく！姿勢とお辞儀

オンラインでもわかる姿勢の良し悪し

新入社員のマナー研修で「挨拶、返事、姿勢」の大切さは必ず最初にお伝えしますが、就職活動も同じです。意識すればできることは失敗が許されません。

まず「姿勢」です。オンラインの場合腰から上全部は見えませんが、姿勢が真っ直ぐ伸びているかどうかはわかります。このように背中が丸まっていたり、イスの背にもたれて浅く座っていたりする姿勢はNGです。

美しい姿勢とは「腰骨が立っており、頭が上から糸で引っ張られているような姿勢」です。頭と首と骨盤を一直線にします。

この姿勢を簡単につくれる方法があります。

①座った姿勢で足を床に真っ直ぐ置き、両手を上に上げる

②上で手の平を合わせる

③そのまま手を横に下ろす（そうすると胸を張った状態になります）

④ゆっくり手をひっくり返し膝の上に置く

この姿勢をキープしましょう。

また、画面で見たときに左右均等であった方が美しく見えます。自分が真ん中に映っており、左右の傾きはないか（肩の上がり下がりなど）チェックします。

また、お辞儀の仕方もポイントです。対面でのお辞儀は「会釈」「敬礼」「最敬礼」と３種類あります。
　①会釈　　　人とすれ違ったとき（15度の角度）
　②敬礼　　　あらゆるシーンで最も使うお辞儀（30度の角度）
　③最敬礼　　お詫びなど、最も丁寧なお辞儀（45度の角度）

15°
会釈
★面接では★　入室時のお辞儀

30°
敬礼
★面接では★　自己紹介後のお辞儀

45°
最敬礼
★面接では★　退室前のお辞儀

　カメラの前で通常のように深々と頭を下げて挨拶をしてしまうと頭頂部だけが見えてしまい美しくありません。

　Web上でのお辞儀は、「１」で10度くらい体を傾け、「２」で停止、「３、４」でゆっくり元に戻します。丁寧に行いましょう。
　挨拶の言葉をつけるときは「語先後礼」。言葉が先で、礼は後が基本です。
　どうすれば美しく見えるか、録画してチェックしてみましょう。

10 面接官が 最も重視するのは「表情」

大事なのは「笑顔」

　面接官が重視する「第一印象」に最も大きな影響を与えるのは「表情」で、中でも「笑顔」は相手の心を開く大事な表情です。

　とくにオンラインの場合、他が見えないのでほぼ表情で印象が決まります。対面では身振り手振りでカバーできたことが、Web上だとできません（Webカメラを前に大きいジェスチャーをすると、手が大きく不自然に映るため、あまり身振り手振りをくわえることはおすすめしません）。

　「笑顔」は相手に好印象を持ってもらうために不可欠です。

　自然な笑顔とは、口角（口の両端）だけでなく頬も上がり、目が弓なり（三日月の形）になっている表情です。

目が弓なりになっている

口角と頬も上げる

　コロナ禍でマスクをつけることが日常となり、表情を動かすことが減りました。表情筋も筋肉なので筋トレが必要です。表情筋の7割は口周りに集まっているので、口角を上げる練習をするだけでも表情は大きく変わります。

　1日3回、歯を磨くタイミングで歯ブラシ（割り箸でもOK）をくわえ、鏡を見ながら口角を上げて20秒キープします。

Chapter 3

Web選考を受ける前の事前準備！
環境と自分を整える

大事なことは習慣化することです。

　わざわざ「笑顔の練習」をしようと思っても続きません。すでに習慣になっていることとセットにしてしまいましょう。

　同時に目を三日月のように弓なりにしてキープします。

　慣れるまで顔が疲れますが、だんだん自然とできるようになります。笑顔の感覚をつかんだら、歯ブラシはくわえなくてもいいので、鏡を見たら笑顔をつくることを習慣にし、緊張した場面でも柔らかい表情が出せるようにしていきましょう。

　そして表情筋のトレーニングと同じくらい大事なのが「笑声（えごえ）」です。「笑声」とは、声から笑顔が想像できるような声のことです。

　「笑声」を出すと手っ取り早く笑顔をつくることができます。

　「笑声」の出し方は声のトーンを上げることと、吐く息に声をのせることです。普段意識していないかもしれませんが、緊張したり自信がなかったりするときは息を吸いながら話しています。

　声も表情も心もつながっています。ちょっとしんどいなと思ったときこそ、あえて笑顔と笑声にしてみましょう。

11 Web選考の肝！話し方の注意点

話し方の3つのポイント！

　表情とともに自分を印象づける要素は話し方です。Web選考において大事なポイントは以下のような点です。

①よく通る声でハキハキと話す

②焦らず、ややゆっくりとしたスピードで間をとりながら話す

③面接官を不快にさせるようなクセをなくす

　それぞれ見ていきましょう。

①よく通る声でハキハキと話す

　まず発声法ですが、Web選考ではマイクを通して相手に声を届けます。そのため無理に大声を張り上げるとかえって聞きづらくなってしまいます。「よく通る声を出す」ことを意識しましょう。

　その基本は腹式呼吸です。

〈腹式呼吸のやり方〉

・背筋を伸ばして鼻からゆっくり息を吸い込む（おへその下（丹田）に空気をためるイメージで）

・口から吸うときの倍くらいの時間をかけてお腹を凹ましながら息を吐く

　腹式呼吸は自律神経を整える働きもありますので、ぜひ身につけましょう。

腹式呼吸

口から
吐く →

お腹が
ひっこむ

息を出しきる

← 鼻から
吸う

お腹が
ふくらむ

息をお腹に入れる

腹式呼吸をすると呼吸が深くなるので、声に深みが出て説得力も増します。

もう一つ大事なことがあります。

何を言っているか聞き取りにくい方の口元を見ると、口を大きく開けていないことが多いです。

伝わる声をつくるには口の開け方も大切です。

「あ」は縦に指が３本入るくらいに口を開けます。
「い」は口角を限界まで上げます。
「う」はタコのように口をとがらせます。
「え」は「い」の口から人差し指１本を入れる感じで。
「お」は「う」の口から親指１本が入る大きさにします。

実際に話すときに口を開けることを意識しすぎると不自然になるので、「あえいうえおあお」と発声練習で使います。口が開いてくると滑舌良く聞こえるようになります。

あ
い
う
え
お

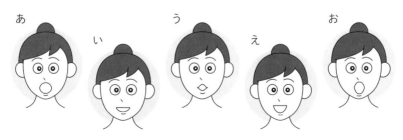

②焦らず、ややゆっくりとしたスピードで間をとりながら話す

　私たちは緊張すればするほど早口になります。そうなると滑舌も悪くなりどんどん聞きづらくなってしまいます。

　ゆっくり落ち着いて話をする人の方が、自信があるように見えます。まずは「人前で話すときはゆっくり話すこと」を意識してみましょう。

　また聞き手があなたの言葉を理解するためには「間」が必要です。
　「間」がなくどんどん先を急いで話されると聞き手は疲れてしまいます。聞き手が人の話を負担なく集中して聞いていられるのは70秒程度と言われています。その間、何の「間」もなく話が続くと集中が途切れ、話に興味がなくなっていきます。

　あえて大事なことを言う前と後に１秒ずつ「間」をとることを意識してみましょう。「間」をとることで、聞き手をあなたに集中させることができます。

③面接官を不快にさせるようなクセをなくす

　一度自分が話している姿をスマートフォンで録画してみてください。
　気になるクセはありませんか？　よくありがちなクセとして
・「えー」「あー」「あのー」を多用する
・語尾がはっきりしない
・体が揺れている
などがあります。

　「えー」「あー」「あのー」が出てくるのはどんなときでしょうか。
　親しい友人と話しているときには、あまり出てきません。
　普段あまり慣れていない言葉（丁寧な言葉や専門用語など）を使うと、考えながら話すので、それによって生まれる「間」を埋めるために「えー」などの言葉を使ってしまいます。
　また、一文が長い人もよく「えー」でつないでいます。

どんなに素晴らしい自己PRでも「えー」「あー」「あのー」がやたらに入るとそれが気になってしまい、肝心の中身が入ってきません。逆に大した話でなくても歯切れの良い話し方だと、思わず納得してしまいます。

　これをなくす方法は、まず自分がよく「えー」と言っていることに気づくことです。そして「えー」と言いたくなったらグッと我慢して沈黙します。それを繰り返していくことで余分な言葉が出なくなります。

　また、一文を短く切ることも有効です。

　次に語尾がはっきりしない話し方も説得力がなくなります。

　よく見かけるのが「聞き取りにくい語尾」です。その理由は単純に声が小さくなっていくこともありますが「○○なんですが…」と文章の途中で話が終わってしまうケースもあります。

　これによって「自信がなさそう」な印象を受けます。

　「今何て言いましたか？」といちいち確認することも手間ですし、日本語は語尾で結果がわかるつくりになっています。最後まではっきり話しましょう。

　また、「雑な語尾」として、例えば「○○なんですよねー」「○○っすか？」など学生気分の抜けない語尾は直しましょう。相手は社会人です。あなたに対する好感度が下がってしまう可能性が高まります。

　語尾が雑な話し方をしているときは、たいてい口が半開きになっています。文章の終わりには自然に口を閉じて口角を上げることを意識しましょう。

　最後に体の揺れです。

　これは画面を通すとより目立ちます。例えば話しながら首をコクコクとうなずくように縦揺れをするクセです。おそらく無意識に揺すっているので、自分で動画を見ると驚きます。

　緊張を和らげるために体や首でリズムをとってしまうことが多いよう

です。これでは落ち着きなく見えてしまいます。一度腹式呼吸をして落ち着いてどっしり構えてから話しましょう。

　以上のような「話の内容以外に気をとられること」はできる限り少なくしていくことがポイントです。話に集中してもらうためにも、まずクセに気づくところから始めましょう。

Chapter 4

Web選考を突破する!
自己PR動画の作り方

01 企業からは何を問われる？他社事例

それでは実際に自己PR動画を作成していきましょう。

自己PR動画には2種類のタイプがあります。その場で作成した初回の動画がそのまま企業に送信されるタイプのもの（練習時間が用意されている場合もあります）と、あらかじめテーマが与えられ自分でじっくり作り上げてから送付できるタイプのものです。

どちらも事前準備が必要となります。

まずは「良いスピーチ原稿をつくる」努力をしましょう。何を言っているか以上に見た目で人の印象は左右されるとお伝えしてきましたが、みんながそれをクリアしてきたら、次に評価されるのは中身です。

原稿を組み立てるのは大変ですが、その努力は必ず報われます。企業ごとにテーマが違うので、そんな時間はないと思うかもしれませんが、たいてい「自己PR」と「志望動機」がベースとなります。1分くらいのそれぞれの鉄板ネタを用意し、後はそれを応用すれば大丈夫です。

今まで出されたテーマをチェック！

自己PR動画といっても、企業から別途テーマが指定される場合もあります。以下はこれまで出されたテーマの事例です。

伊藤忠商事
・あなたはどのような人間ですか。そう考える理由とともに教えてください。（最大1分間）
・あなたがこれまでの人生において経験した「最大の決断」について教えてください。またその決断の際に、どのような葛藤があったかも含

めて教えてください。（最大１分間）
・あなたは伊藤忠商事というフィールドで、どんなことをやってみたい
　ですか。現時点のイメージで構いませんので表現してください。（最
　大１分間）

丸紅（インターンシップ選考）

・自由に自己紹介をしてください。（１分以内）
・当社の業務に活かすことのできるあなたの「個性」を教えてください。
　（２分以内）
・インターンシップへの意気込みを教えてください。（１分以内）

住友商事（インターンシップ選考）

・「実現したい未来」について教えてください。（最大１分間）

ANA

・「これは誰にも負けない」と思う事柄を伝えてください。（１分以内）
・「逆境」「リーダーシップ」というキーワードのいずれか、または両方
　を使って、自身のエピソードや考えを伝えてください。（１分以上２
　分以内）

資生堂

・「あなたらしさ」を３つのハッシュタグ（＃）で表現し、その理由を
　合わせて１分間で説明してください。動画の構成などに制限はありま
　せん。自由に自分らしく表現してください。

ミリアルリゾートホテルズ

・①〜③の中から好きなテーマを選び提出してください。
①あなたの強みを教えてください。
②学生時代一番頑張ったことを教えてください。
③当社の志望理由を教えてください。

→最後は手を振って笑顔で終了してください。

　ここから先、どの企業も工夫をこらしたテーマを出してくるでしょう。それらに対応していくのに欠かせないのはChapter 2で行った「自己分析」です。

　自分のことをしっかり理解し言語化しておかないと、いちいち立ち止まることになってしまいます。時間短縮のためにも先に自己分析はすませておきましょう。

他社事例をチェック！

02 相手に伝わるコンテンツ作成 3つの鉄則

自己PR動画用のコンテンツを作成しよう！

それでは自己PR動画用のコンテンツを作成していきましょう。

コンテンツ作成の基礎はエントリーシートに記載する文章にも、面接で話すネタにも応用できます。

相手に伝わるコンテンツを作成するための鉄則は3点です。

①**コンテンツを作成する前に頭に設計図を思い浮かべておくこと**

②**採用担当者の心を動かすエピソードトークを作成すること**

③**わかりやすい文章構成の型を使うこと**

それぞれ詳しく見ていきましょう。

①コンテンツ作成の設計図

今回の動画作成においても、面接官の前で話すときも、人前でプレゼンするときも、常に頭の中にはこの設計図を組み立てておきましょう。

まず「誰がどうなったら成功か？」を具体的に定義しておきます。

就職活動であれば、採用担当者が「あなたを採用したい」「あなたと一緒に働きたい」と思ったら成功ですね。

そうするために

1）一番伝えたいことは何か？

2）その根拠は何か？

3）まとめると？

　この3段階で組み立てることを意識します。

1）**一番伝えたいことは何か？**

　話す側と聞く側には大きな意識の差があります。

　話す側（学生）は自分のことを理解してもらいたいので、色んな情報をあれこれたくさん伝えたいと考えます。しかし、聞く側（採用担当者）は簡潔にまとまった話を聞きたいと思っています。何を話すか以上に、何を話さないか選択することが最初のステップです。

　例えば、自己PRで自分の長所をアピールしたいとします。

　そのときに「私は行動力があって、好奇心旺盛で、初対面の人とコミュニケーションをとることも得意です」と言われても、「それはすごい！」とはならず、かえってどの特徴も薄まってしまいます。「私は行動力があります！」と一つにしぼった方が強く印象に残ります。

2）**その根拠は何か？**

　一番伝えたいことが決まったら、その根拠を明確にします。

　人は「事実」や「意見」だけ伝えられても、その理由（背景）がないと判断することができません。

　例えば「私は行動力があります！」とアピールしたいのであれば、実際に目的を持って何かに取り組んだ実績の話がないと納得できないのです。

　しっかりとした根拠のある話ができるようになると、面接官から「こちらが求めている情報をきちんと話せて、論理的なコミュニケーションがとれる人材だ」と評価してもらいやすくなります。

3）**まとめると？**

　一番伝えたいことと根拠をあわせて「だから何なのか？」を一言でま

とめておき、結局自分は何を伝えたいのか忘れないようにしておきます。採用活動における自己PRであれば、企業側は目の前の学生が、入社後自社に貢献できるのか？　組織の一員としてうまくやっていけるのか？を判断しようとしています。

　最終的に「だから行動力のある私は、御社に貢献できます」と相手を納得させることができたら成功です。

②心を動かすエピソードトーク

　これまで多くの学生の話を聞いてきましたが、心に響く話とそうでない話があります。内容の違いというよりは、「自分の言葉で語っているかどうか」の違いです。

　　自分の言葉＝自分の実体験から出てくる言葉

　一般的に言われている話よりも、人から聞いた話よりも、人の心を動かすのは自分の体験に基づく実話です。ここでChapter 2の自分史が活用できます。

　実体験であれば、自分が体験したことなので自信を持って話すことができます。また具体的に話せるので感情も含めて語ることができます。そしてあなたにしか伝えられない説得力のあるメッセージとなります。

　自分が体験した物語のことを「エピソードトーク」と言いますが、ストーリーの力は絶大です。

　例えばYouTubeの広告でも、物語になっているとつい見てしまうことがあります。

　また、話の典型的な型が「起承転結」であるように、エピソードトークにも型があります。惹き込まれる話のほとんどが「マイナスからプラス」に転じる話です。

　苦難から一転、ハッピーエンドで終わる話がみんな好きです。就職活動であれば、課題や困難を乗り越えたエピソードがよく使われます。

エピソードトークをつくるときの型を一つご紹介します。

S：Situation（状況）

T：Task（課題・困難）

A：Action（具体的な行動）

R：Result（結果）

それぞれの頭文字をとった「STAR法」です。

例えば「行動力」があるというエピソードを示したい場合、以下のように展開します。

〈例文〉

Situation（状況）

私は大学でバレー部の部長に選ばれました。とにかくチームを強くすることが自分の使命だと思い、張り切って厳しい練習メニューをつくり、メンバーに伝えました。

Task（課題・困難）

当然受け入れてくれるだろうと思ったのですが、副部長から「楽しく練習できるメニューの方がいい」と言われ意見が食い違い、部の雰囲気が悪くなってしまいました。

Action（具体的な行動）

はじめは意地を張って自分が部長だからと意見を貫こうとして部内で対立してしまったのですが、それではいけないと思い、副部長の意見をよく聞くことからスタートしました。

Result（結果）

「なぜ楽しさを重視するのか」その理由も聞いていくうちに、お互いの妥協点も見つかり、理解し合うことができました。

この経験から、自分の思いだけで突っ走るのではなく、周りの意見にも耳を傾けながら行動していくことが部長として必要だということを学びました。

このように、実体験を型に落としていくことで、伝わりやすいエピソードを作成することができます。

　百聞は一見に如かず

　百見は一考に如かず

　百考は一行に如かず

　百回聞くより、実際に自分の目で見ること、見るだけでなく自分で考えて理解すること、そして考えるだけでなく行動に移すこと、大事にしていきましょう。

　自ら行動することから全てが始まります。

③文章構成の型

　エピソードトークをつくるときの型として「STAR法」をお伝えしましたが、続いて文章構成の型をご紹介します。テンプレートを知っておくことで、文章を作成することが苦手な方も、簡単にわかりやすい文章を作成することができます。

〈SDS法〉

　SDS法とは

S：Summary（全体の概要）

D：Details（詳細の説明）

S：Summary（全体のまとめ）

の順に話を展開していくフレームワークです。

　自己紹介やスピーチでもよく使われますし、日常耳にしているニュースでもこのSDS法がよく使われています。

〈例文〉

S：Summary（全体の概要）

　私は経理の仕事に就きたいと考えています。

D：Details（詳細の説明）

　そのためには簿記の資格が必要だと考え、大学時代に勉強をはじ

め簿記２級を取得しました。

S：Summary（全体のまとめ）

　私はこの資格を活かし御社の経理部で働きたいと考えています。

　最初に結論を伝えることで、相手の聞く姿勢が整います。間に事例をはさみ、再度結論を伝えることで（表現方法は変えます）聞き手の記憶に残りやすくなります。

〈PREP法〉

　PREP法は、ビジネスシーンで頻繁に使われるテンプレートです。

P：Point（結論・要点）

R：Reason（理由）

E：Example（具体例）

P：Point（要点・結論を繰り返す）

　PREP法を活用することで、説得力のある説明ができるようになります。

〈例文〉

P：Point（結論・要点）

　私は何事にも責任感を持って取り組むことができ、任された仕事で目標達成をすることに喜びを感じます。

R：Reason（理由）

　大学の頃、塾講師のアルバイトをしており、３年間で15人の生徒を第一志望校に合格させることができました。生徒たちに勉強の楽しさを伝え、希望する高校に進学できるよう、講師として工夫を重ねてきたからです。

E：Example（具体例）

　例えば毎週のテストの結果を見て、それぞれが苦手な分野を分析し補習プリントを用意することで、苦手部分を一つずつクリアできるようにしていきました。

また、生徒の成績が下がってしまったときには、塾長に相談した
り、本人の意見を聞いたりしながら学習計画を組み直すなど改善を
続けてきました。

P：Point（要点・結論を繰り返す）

　自ら工夫や努力をしながら、生徒の志望校合格という目標達成に
向けて行動する責任感の強さが私の強みです。御社でも期待以上の
成果を上げることができるように行動していきます。

　主張したい結論を最初に伝えていることで、聞き手は何の話が始まる
かあらかじめわかります。そして理由や具体例を聞きながら理解を深め、
最終的に結論を再び聞いたときに納得することができるのです。

　それでは、自己PR動画のテーマにもなりやすく、どの企業でも質問
される可能性の高い「自己PR」と「志望動機」の具体的な作成方法を
見ていきましょう。

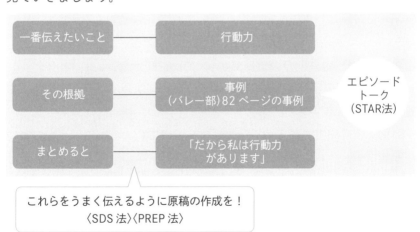

03 企業側が求める「社会人基礎力！3つの力」

大切なのは、「前に踏み出す力」「考え抜く力」「チームで働く力」

　自己PRを作成する前に知っておいていただきたいことがあります。それは経済産業省の出している「社会人基礎力」です。

　2006年に提唱されたもので、職場や地域社会で多様な人々と仕事をしていくために必要な基礎的な力として「3つの能力と12の能力要素」が挙げられています。

　企業ごとに求める人材要件は異なりますが、ここに挙げられている要素は多くの企業が社員に求める能力と一致します。実際に企業の人事評価の項目にもこれらの要素が組み込まれているケースが多いです。

　自己PRの目的は、自分が「企業に役立つ存在」であることをアピールすることです。そのためには、まず企業側が求めている能力を知ることが必要です。

　あなたの自分史で書き出したエピソードの中に、下記のような力につながるエピソードはありませんでしたか？　参考にしてみてください。

「前に踏み出す力」
　一歩前に踏み出し、失敗しても粘り強く取り組む力を持ち、指示待ちにならず、一人称で物事を捉え、自ら行動できるような人材が求められています。
・誰かに言われたから動いたわけではなく、自ら考えて行動したこと
・周りの人を巻き込んで行動したこと
・目的を設定し、目標達成に向けて行動したこと

こんな経験はありませんか？

●前に踏み出す力（Action）
〜一歩前に踏み出し、失敗しても粘り強く取り組む力〜

主体性
物事に進んで取り組む力

働きかけ力
他人に働きかけ巻き込む力

実行力
目的を設定し確実に行動する力

「考え抜く力」

　疑問を持ち考え抜くことや、論理的に答えを出すこと以上に自ら課題提起し、解決のためのシナリオを描く、自律的な思考力を持つ人材が求められています。
・**現状を分析して課題を見つけたこと**
・**課題の解決に向けて段取りをしたこと**
・**新しい価値を生み出したこと**
　こんな経験はありませんか？

●考え抜く力（Thinking）
〜疑問を持ち、考え抜く力〜

課題発見力
現状を分析し目的や課題を明らかにする力

計画力
課題の解決に向けたプロセスを明らかにして
準備する力

創造力
新しい価値を生み出す力

「チームで働く力」

　多様な人々とともに、目標に向けて協力する力を持ち、グループ内の協調性だけに留まらず、多様な人々とのつながりや協働を生み出せる人

材が求められています。

・**相手の意見を丁寧に聞いたこと**

・**意見の違いを受け止め、相手の立場を理解して行動したこと**

・**相手や周囲との関係性を理解しながら空気を読んで行動したこと**

・**ストレスを感じる出来事を乗り越えたこと**

こんな経験はありませんか？

●**チームで働く力（Teamwork）**
～多様な人々とともに、目標に向けて協力する力～

発信力 自分の意見をわかりやすく伝える力	**状況把握力** 自分と周囲の人々や物事との関係性を理解する力
傾聴力 相手の意見を丁寧に聞く力	**規律性** 社会のルールや人との約束を守る力
柔軟性 意見の違いや相手の立場を理解する力	**ストレスコントロール力** ストレスの発生源に対応する力

チームで働く力が弱い方の中に「自分本位」な考え方に偏った行動をする人がいます。

「自分本位」な人の具体的な特徴として

・**自分の価値観や考え方を頑なに変えない**

・**感情の起伏が激しい**

・**周りの意見に耳を傾けない**

・**自分が最優先で、約束を破ることが多い**

・**目立つことで他人に振り向いてもらいたい「かまってちゃん」**

などが挙げられますが、このような特性を持つ人と一緒に働くと、周囲は疲弊します。

そのため、採用担当者は事前にエントリーシートや自己PR動画を通じてこのような傾向があることがわかれば、おそらく次の選考にはつなげないでしょう。

自分本位とは、「自分を基準にして生きること」。仕事は個人プレーで

はなく、チームプレーです。

　人は感情で動くものです。

　相手の顔をつぶさない、相手の立場に配慮する力なども、就職活動を通じて身につけていきましょう。

　ちなみに社会のルールや約束を守る力、例えば遅刻をしない、嘘をつかない、これらは社会人にとっては当たり前のことであり、あえて自己PRに使うものではありません。

　「人生100年時代の社会人基礎力」として、前述した３つの能力そして12の能力要素を発揮するためには、以下の３つの視点を持つことが必要です。

①自分が社会でどう活躍したいのか？

②どんな経験、キャリアを積み上げたいのか？

③どう学び続けるのか？

　自身を振り返りながら進めていきましょう。

04 「入社後に活躍できる」ことが伝わる！自己PRのテンプレート

ビジネスシーンで「力」が発揮できる強みを伝えよう！

実際に自己PRを作成していきます。

学生の自己PRを聞いていると、「私の強みは○○です。その理由は○○です」と根拠まで述べて終わってしまうパターンが多いのですが、企業が求めているのは「入社後に自社で活躍できる学生」です。

それを伝えるために一番必要なことは、その強みに「再現性」があるかどうかです。「学生の環境の中だけで発揮できる強み」ではなく、ビジネスの場においてもそれが発揮できることをアピールしていきます。

以下のテンプレートを使ってまとめていきましょう。

〈自己PRのテンプレート〉

結　論	私の強みは○○です。
事　例	○○から○○に取り組んできました。
目標・課題	○○を目標に取り組みました。 そこで○○の課題に直面しました。
解決策	○○を解決するために○○を行いました。
成　果	その結果、目標（課題）の○○に対し、○○という成果を得ることができました。
再現性	この経験から得た○○を、貴社の○○活動に活かしたいです。

※メールやエントリーシートなど書き言葉の場合は「貴社」、説明や面接などの話し言葉の場合は「御社」

【結論】私の強みは、実行力があるところです。

【事例】私は大学でバレー部に所属しています。最近はハードな部活よりも、みんなで楽しめるサークルを希望する学生が多いため、年々入部希望者が減っています。

【目標・課題】みんな新入部員獲得ができないことに困っていたので、新人勧誘の時期に入部者を増やすために作戦を立てました。

【解決策】その作戦は3つです。1つ目は部内でチーム分けを行い、チームごとに新人獲得人数を競う形にすること。2つ目はチラシを作成し、体験入部を呼びかけるビラ配りを行うこと。3つ目は一人ひとりに見学会への動員目標人数を設定することです。

【成果】その結果、目標人数であった10名の新入部員が入部してくれることになりました。

【再現性】私は課題に対して解決策を考え、みんなを巻き込みながら実行していく力があります。それを御社の営業活動でも活かしていきたいです。

自己PRというと、何か特別な実績が必要だと思ってしまう方が多いのですが、そんなことはありません。日常の自分が少しだけ「頑張ったこと」を伝えればいいのです。

採用担当者から見て一緒に働きたいと思うのは、「頑張る姿勢」を持った人材です。頑張った過程や成果が「仕事に通じる」と相手に感じてもらえるエピソードを用意しましょう。

05 企業側が「受け入れられる」志望動機

志望動機に企業とのつながりはあるか?

自己PRでは「企業が自分を必要とする理由」を伝えるのに対し、志望動機では「自分が企業を必要とする理由(その企業で働きたい理由)」を述べます。

明確に働きたい業界や会社が決まっている人にとっては、志望動機は簡単につくれますが、そこが定まっていないケースが大半です。

働く理由も価値観も人それぞれです。

例えば「給料が高いから」「福利厚生が充実しているから」「年間休日数が多いから」このような理由で仕事を選ぶこともあるでしょう。

自分にとって大事なことではありますが、志望動機は採用側が納得できるものでなければいけません。相手がどう受け止めるか、考えて言葉を選択する力は、これから先も求められます。

それでは、採用担当者が納得しやすい志望動機とはどのようなものでしょうか? 自分とその業界、企業に何らかのつながりがあると表現しやすくなります。

例えば、
・インターンシップに参加した
・OB、OGに話を聞いた
・大学で学んだことが活かせる
・親が同じ業界で働いている
・その企業の商品やサービスで自分の悩みを解決してもらった

・身近な誰かを助けることにつながる

このような自分と企業側の「共通項目」を探してみましょう。

また、その企業の何らかの魅力に惹かれて志望することもあるでしょう。具体的な魅力を述べるための情報収集は欠かせません。

・会社のWebサイトの閲覧
・採用ページがあれば社員の声
・会社説明会
・現場へ行ってみる（見学可能な場合）
・プレスリリース（報道メディア向けの情報発表）

これらの情報をチェックしておきましょう。

採用担当者が志望動機を通してあなたに聞きたい点は、以下のようなことです。

・どんな仕事をしたいと思っているのか？
・この企業に関心を持ったきっかけは？
・自社についてどのくらい理解しているか？
・同業他社ではなく、自社である理由は？

これらの質問を通して、採用担当者は「この学生は、本当に自社を志望しているかどうか」を確認したいと思っています（どんなに優秀な学生でも、最終的に他社を選ぶ学生は選考に通す必要がありません）。

最終的に「企業理解」と「自己分析」がうまくリンクしていると、企業側が「受け入れられる」志望動機となります。

「御社の○○に魅力
を感じています！」

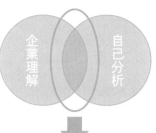

「私は○○がした
いです！」

「御社の○○に魅力を感じているので、そこで自分の○○を活かしたいです！」

06 「想い」が伝わる！志望動機のテンプレート

テンプレートを使って「想い」を伝わりやすく！

それでは志望動機を作成していきましょう。これまでの学生生活から「なぜその企業に入りたいのか」を見つけ、それを自分のできることに結びつけていきます。

志望動機の型はとてもシンプルです。

〈志望動機のテンプレート〉

きっかけ	私が御社を志望したきっかけは○○です。
知ったこと	○○を知り、御社で働きたい気持ちが強くなりました。
共感したこと	○○に共感し、志望を決めました。
貢献できること	入社したら○○をしたいと考えています。

〈志望動機例〉
【きっかけ】
　私はこれからの社会を担うのはAIやIoTなどのIT技術だと考え、IT業界を志望しています。叔父が製造業の会社を経営しており、人手不足や働き方改革など、様々な悩みを抱えています。そこで日本企業の変革をICT技術によって支えたいと思い、御社のインターシップに参加しました。

【知ったこと・共感したこと】

インターンシップを通して、御社の〇〇サービスの日本シェアが1位であることを知りました。多くの顧客ニーズに応える技術力を持つ御社で働くことで、自分自身を成長させながら、ICTを用いた提案で日本企業の変革に携わることができると感じ、より志望度が高まりました。

【貢献できること】

私は大学でアプリケーションの開発をしています。趣味でソフトウェアも作成しており、新しい技術に興味があります。日々進化し続けるIT業界でこれからも学び続け、御社のサービスを多くのお客様に提供したいです。

このように、自身の経験や強みと事業内容に共通項目があり、IT業界の中でもなぜその企業なのかをふまえた志望動機が作成できると、より良い志望動機となります。

また、企業理念を確認することで、自身の価値観とのズレがないかチェックしておくことも大切です。

志望動機は企業ごとに作成する必要があります。

志望度が低い企業について調べることを面倒くさいと思うかもしれません。志望順位に差が出るのは当然ですが、その企業に向き合う姿勢にまで差をつけていたら、内定獲得は難しくなります。

志望順位が低くても、受けるにあたりその企業のことを調べていくのは礼儀です。調べる中で新たな発見があり、気持ちが変わることもよくあります。

少なくともその企業の「経営理念」「社長のメッセージ」「商品・サービス」くらいは調べてから選考に臨みましょう。

07 数字や固有名詞は 使わなきゃ損

「大人気のパン」で伝わるか…

あなたの文章をより伝わりやすくするためのポイントは3点です。

①**数字や固有名詞を使うこと**

②**一文の長さを適切にすること**

③**日本語を正しく使うこと**

それぞれ詳しく見ていきましょう。

数字は話し手と聞き手との間の「共通理解」に欠かせない大事なツールです。

例えば「大人気のパン」と言われるより、「1日に500個売れるパン」と言われた方が買いたくなりますよね。

部活動であれば、「県大会で3位になりました」と言われるより、「県大会で500人中3位になりました」と言われた方が、そのすごさが伝わります。

会社説明会で「働きやすい会社です」と言われるより、「過去3年間の離職率0％です」と言われた方がより安心だと感じます。

私たちは数字を出されると納得してしまうのです。

また、あわせて「比較」を使うこともポイントです。

「大学祭で企業からの協賛金を50万円集めました」と言われるより、「大学祭で企業からの協賛金を集める担当になりました。例年30万円ほどですが、今年は50万円ほど集めることができました」と言われた方が、その頑張りが伝わります。

私たちは、何らかの基準と比較することで、その価値を判断します。

例えば「我が社の利益率は10％です」と言われても、それがすごいのかわかりませんが、「同じ業界の利益率が平均5％の中、我が社の利益率は10％です」と言われれば、企業努力がわかります。

　また、話に説得力を持たせる方法の一つとして、相手も知っている「固有名詞」を出すこともポイントです。

　例えば志望動機を述べるときに、「先日お目にかかった○○社長のおっしゃっていた〜」と相手も知っている他者の名前を出すことは効果的です。

　実際にビジネスでも、自分の考えだけでなく、著名人や影響力のある人の言葉を引用してプレゼンすることはよくあります。

　数字や固有名詞は、それぞれの感覚の違いやあいまいさを埋めるのに役立つ大事なツールです。

　②、③に関しては、この後、説明します。

08 一文の長さは適切か?

一文は40字以内に。長い文章は短い文章に分ける

　一分間の自己PR動画であれば、原稿の文字数はだいたい300字が目安です。

　また、一文は40字以内にまとめます。

〈×〉BAD
　私は小学生の頃、引っ込み思案な性格で人前に出ることが得意ではありませんでしたが、中学のとき、担任にすすめられて生徒会の役員を務め、それをきっかけに積極的で外向的な性格になりました。（89字）

　これだと一文が長いです。

〈○〉GOOD
　私は小学生の頃、引っ込み思案な性格で人前に出ることが得意ではありませんでした。しかし中学のとき生徒会の役員を務め、それがきっかけで外向的になりました。（39字+36字）

　このように一文が短くまとまっていた方が、伝えたいことが明確で、力強い印象を与えます。「〜で、〜で、〜で」とだらだら話しがちな方は、40字を目安に「一文を短く」することを意識してみましょう。

　逆に一文を短くしすぎると「稚拙な印象」を与えてしまうので、こちらも注意が必要です。

〈×〉**BAD**

　私は小学生の頃、引っ込み思案な性格でした。人前に出ることが得意ではありませんでした。しかし中学のとき生徒会の役員を務めました。それがきっかけで外向的になりました。（21字+21字＋21字＋18字）

これだと、文章が幼く感じます。

　話し手と聞き手との間には、思考の前提に大きな差があるため、一文が長すぎると聞き手に負担を与えます。

　そのエピソードを理解するのに必要な下地が入っていない場合、一つずつ情報を区切って説明してもらわないと１回で理解できません。

　多くのメッセージを詰め込むと、肝心なメッセージが伝わらなくなります。余分な言葉を削ることにも意識を向けましょう。

09 他の学生は意外と知らない!? 正しい日本語

敬語表現を押さえよう!

　正しい日本語とは、尊敬語や謙譲語・丁寧語をふまえた表現です。敬語は最低限のビジネスマナーであり、相手を尊重する気持ちを表すための日本語の美しい習慣です。

　目上の人に対して正しい言葉遣いができるように学んでおきましょう。たとえ悪気がなくても、誤った敬語を使うことで相手に失礼だと感じさせてしまいます。

　よくありがちなのが、尊敬語と謙譲語を間違えてしまうパターンです。

・尊敬語→相手を自分より高く表現することで尊敬を表す表現
・謙譲語→自分を相手より低く表現することで尊敬を表す表現

〈よく使う尊敬語・謙譲語〉

日常語	尊敬語	謙譲語
言う	おっしゃる	申し上げる、申す
聞く	お聞きになる	伺う、拝聴する
会う	お会いになる、会われる	お目にかかる
行く	いらっしゃる、行かれる	伺う、参る、あがる
来る	いらっしゃる、お見えになる、お越しになる	伺う、参る
帰る	お帰りになる	失礼する、おいとまする
食べる・飲む	召し上がる	いただく、頂戴する
見る	ご覧になる	拝見する
する	なさる、される	いたす
いる	いらっしゃる	おる
知る	ご存知	存じ上げる、存じる

Chapter 4

Web選考を突破する！
自己PR動画の作り方

以下のような、よくある間違いはチェックしておきましょう。

〈尊敬語と謙譲語を混同している〉

（例）×「お客様が11時に参られます」→○「お客様が11時にいらっしゃいます」

「参る」は「来る」の謙譲語なので、尊敬語である「いらっしゃる」が正しいです。

〈二重敬語〉

二重敬語とは、敬語を二重に使ってしまうことです。よく間違えて使用されているので、自然と口から出てしまいがちです。ご注意ください。

（例）×「お伺いいたします」→○「伺います」

「伺う＋いたす」の二重敬語になっています。

（例）×「お召し上がりになられる」→○「召し上がる」

「お＋召し上がる＋られる」と三重敬語になっています。

〈敬語だと勘違いしている表現〉

敬語を使っているつもりが敬語になっていない、よくありがちなパターンです。

（例）×「了解しました」→○「承知しました」「かしこまりました」

「了解しました」は対等もしくは目下の相手に使用します。

（例）×「参考になりました」→○「勉強になりました」

「参考になる」は考えるための補足材料になるという意味で、目上の人に対して使うのは失礼にあたります。

間違った敬語を使わないためには、敬語の語彙を増やすことが必要です。言葉遣いが不安な方は、動画のシナリオやエントリーシートの文章をキャリアセンターの方などに添削してもらいましょう。

敬語はいずれ覚える必要があります。今から学んでおきましょう。

10 制作規定を守る

指定されたことをそのまま実行できるか見られています

原稿が作成できたらいよいよ撮影です。

自己PR動画はあくまで就職活動の応募書類の一部です。YouTubeやTikTokとは異なります。企業側が指定する要項を遵守し、奇抜で目立つものを作成するというよりは、明るさや誠実さ、熱意が伝わる動画を作成しましょう。

動画選考の目的は良い動画をつくることではありません。あなたの良さを伝えていくことです。

他社事例のところで、これまでどのようなテーマが出されたのかご紹介しましたが、ほとんどの企業が1分程度の動画を希望しています。

企業にもよりますが、指定時間を超えているというだけで選考外とされてしまう可能性もあります（採用担当者は、指定したことを決められた通りできるかどうかもチェックしています）。

また、編集は基本的にNGのケースが多いです。

字幕を入れたり途中で言い間違えをカットしたりする必要はありません。最初と最後をカットすることは認められているケースもありますが、各社の制作要項に沿って作成しましょう。

動画の提出スペック（データサイズや記録形式）にも注意が必要です。提出前に再度確認しましょう。

11 演出の工夫

フリップ／小道具をうまく活用しよう

　演出は一切禁止ということであれば工夫はできませんが、そうでない場合、以下のような工夫例がありますので、参考にしてみてください。

・フリップの使用

　このように紙芝居形式のフリップを用意します。文字は細かく記入しても見えないので、キーワードのみ大きく記載します。

　厚紙でも良いですし、スケッチブックに書いてめくる方法も良いでしょう。目的は自分の良さを伝えることなので、ページをめくるのに必死になって、言葉や表現がおろそかにならないように気をつけましょう。

・小道具の使用

　部活動で使っていた用具や、頑張ったことに関する何らかの実績があれば賞状やトロフィー、資格取得の証明書なども小道具として活用できます。

　何個も見せず、あえて一番アピールしたいことを一つにしぼって小道具を披露しましょう。時間が短いと色々詰め込みたくなりますが、情報を詰め込みすぎることはNGです。

　おそらく次の面接に進んだときには、その話題が出ますので自分が自信を持って話せるネタで臨みましょう。

　他にもある程度自由が認められている場合であれば、部活動やサーク

ル活動のユニフォームを着たり、何か特技を披露したりすることも選択肢としてはあります。このあたりは業種や企業風土の違いによって、だいぶ差が出るところです。

　まだ事例も少なく各企業の情報もあまりないため、迷ったら無難な方を選択した方が安全です。

12 他の学生と差をつけるために

キーワードは「事前準備」

最後に自己PR動画について、より他の学生と差をつけるために必要なことをお伝えします。ポイントはいかに事前準備ができるかどうかです。

とくにこのような1分間スピーチに関しては練習がものをいいます。まず原稿は丸暗記することから始めましょう。

たかが1分ですが、とくに初回動画をそのまま企業に送付するタイプの撮影をするときは、頭が真っ白になってしまうこともあります。体で覚えるまで繰り返し練習し、原稿をしっかり頭に入れましょう。

そしてどうしたらより伝わるか、間の取り方を工夫したり、強調したい言葉を少しゆっくり大きな声で発声したり、抑揚をつけたり色々試してみましょう。

練習の段階で、自分が話す姿を録画してチェックすることは必須です。気になる点がたくさん見えてきて恥ずかしくなりますが、それを修正していくことが事前準備です。

□**声の大きさやトーン**

□**言葉遣い**

□**口グセ**

□**語尾**

□**体の揺れ**

□**身振り手振り**

□**余分な動き（髪を触るなど）はないか**

□時間配分

　などチェックしておきます。

　ここで直したことは、これから先続いていく面接対策にもなります。
面倒くさがらずに取り組んでいきましょう。

Chapter 5

Web面接に通過する!
外せないポイント

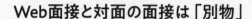

01 今や攻略必須の Web面接

Web面接と対面の面接は「別物」

　株式会社リクルートマネジメントソリューションズの調査によると、本選考で面接経験のある学生のうち約81％がWeb面接を経験ずみと回答しています。

　学生がWeb面接の方が好ましいと思う理由としては下記のような意見が挙げられます。

〈心理的な負担の少なさ〉
・自宅で受けるため緊張せずリラックスして面接に臨むことができる
・満員電車に乗って企業へ向かったり、移動中のスーツのシワを気にしたりする必要もなく、面接開始直前まで対策ができて、面接にエネルギーを無駄なく注げる

〈経済・効率的側面〉
・移動時間や交通費がかからない
・Web面接の方が効率もいい
・複数の企業を同時に受けることができたり、地方の企業の面接を受けたりすることができる
・地方の学生にとっては交通費、宿泊費がかかるため、対面面接は負担が大きい

〈社会的側面〉
・新型コロナウイルス感染症に対する懸念

　などが挙げられており、一次面接の段階ではWeb面接の方が良いと考えている学生が増えています。

　一方で、二次面接以降は対面面接が良いと考えている学生の方が多く、その理由としては下記のような意見が挙げられます。

〈コミュニケーションの取りやすさ〉
・気持ちや雰囲気、熱意が伝わる
・対面面接の方が話しやすいし得意だから

〈会社に対する理解の深まり〉
・選考が進むにつれ、その企業への志望度も高くなるからこそ、社員の人柄や雰囲気を直に感じたい
・最終面接は双方にミスマッチがないか確認する場面でもあるため、対面面接であった方が良い
・最後までWeb面接で直接会わないのは不安

　などが挙げられており、中には最後までWeb面接だけで内定を出す企業もありますが、多くの企業が、面接の段階が進むにつれて対面面接に切り替えています。

　企業側としても経費、時間の節約につながるため、今後も一次面接のWeb面接化はさらに進んでいくでしょう。
　「Web面接」といわれなくても、人事が開催しているオンライン上での先輩社員との交流会や座談会は、人物評価がされているケースがほと

んどです。気を抜くことのないよう気をつけましょう。

　たとえ「対面なら何とかなるのに！」と思っていたとしても、今や
Web面接を通過することなくして次の段階に進むことはできません。
　「結局同じことでしょ」と思っている方もみえますが、オンライン上
と対面では、情報伝達の仕方や魅せ方が大きく変わります。
　Web面接特有の注意事項なども知っておきましょう。

Web面接の注意点

02 Web面接前に欠かせない 機器トラブルの予防策

パソコンの動作を確認しておこう

　普段スマートフォンを使用している人は、自宅のパソコンを使うことはあまりないかもしれません。そうすると思わぬトラブルが発生することがあります。

　例えば、パソコンのスペックが低く、Web会議システムを立ち上げると動作が重くなり操作にいちいち時間がかかってしまうことがあります。面接官を待たせることは精神的に負担になるため、あらかじめ使用しないファイルを削除したり、それでもダメな場合はパソコンのドライブの容量を増やしたりすることも必要です。

　また、パソコンは起動時に自動的に立ち上がるスタートアップアプリが複数動作していることがあります。その場合はパソコンの処理速度が遅くなるので、不要なアプリはOFFにしておきましょう。

　パソコンの動作が遅くなる理由として、自動メンテナンスが実行されていることも考えられます。自動メンテナンスとは、毎日スケジュール通りにアップデートなどを行ってくれる機能で、そのおかげで私たちはパソコンを日々安心して使うことができます。

　Web面接を受ける時間帯に、自動メンテナンスが行われないように設定を変更しておいた方が安心です。

　また、長い間パソコンを開かずに放置しておくと、開いたときにWindowsのアップデートに時間がかかり、面接の時間に立ち上がらないということも起こり得ます。

　パソコンの普段からのメンテナンスにも気を配りましょう。

| ## 通信トラブルの対処法

回線がつながらない＝面接会場に行けない

　Web面接実施にあたり、一番怖いことは回線がつながらないことです。回線がつながらない＝面接会場へ行けなかったことと同じです。そうならないよう万全の準備をしておきましょう。

　インターネットの回線が途切れてしまうと、どうにもなりません。
　自宅でWeb面接を行う場合、家族がゲームをしていたり、電子レンジを使っていたりするだけでも影響を受けます。その時間帯は回線を優先的に使えるようお願いしておきましょう。
　また有線でつなげるようなら、そうした方が通信は安定します。

　前もってきちんと準備したとしても、当日思わぬトラブルが起きることはよくあります。

　例えば、
・**面接時間になったのにWeb面接システムにつながらない**
・**面接中に画面がフリーズしてしまう**
・**音声が途切れたり、聞こえなくなったりする**
ようなケースが挙げられます。

　このような通信トラブルが起きたときに、どう対処すれば良いかあらかじめ知っておきましょう。大事なことは、慌てずに適切に対処することです。何もせずにじっと待っていてはいけません。
　非常時の対処方法も面接官から見られていると思っておいた方が良い

でしょう。

〈**Web面接システムにつながらない**〉

Web面接システムの種類については後ほどお伝えしますが、どのシステムを使うかは企業によって異なります。システムにつながらない場合、次のことを試してみてください。

①**企業から送られてきたメールの手順を再度確認する**

よくあるミスとして、ログインする際のブラウザが違うことがあります。Internet Explorerでは開かず、Google Chromeで開かないと入れないアプリもあります。

また、URLはその都度発行されています。

その面接用のURLを選択しているかどうか確認しましょう（同じ企業でも、一次面接と二次面接で違うURLのことはよくあります）。

②**IDやパスワードが合っているか確認し、再度入力し直す**

IDやパスワードでエラーになってしまう場合、小文字と大文字の間違いや、スペースが余分に入っていないか、−（ハイフン）と＿（アンダーバー）の間違いがないかどうか確認しましょう。

小文字のl（エル）と数字の1も間違いやすい例の一つです。

③**開始時間前に採用担当者へ連絡する**

それでもつながらない場合、面接の開始時間前に採用担当者に連絡しましょう。緊急の場合の連絡先が指定されていればそこへ連絡をします。面接前に先方企業の電話番号と担当者名を確認しておき、もしわからなければ事前に問い合わせておきましょう。

スマートフォンで面接を受けようとしている場合、連絡のとれる電話が別途必要です。パソコンで面接を受ける準備をし、手元に面接企業との緊急連絡用のスマートフォンがあった方が安心です。

なお、心配だからといってパソコンとスマートフォンの両方からアクセスすると、ハウリング（音声にエコーがかかり「キーン」という大きなノイズが生じること）が起きることがあるので、つなぐのはどちらかにしておきましょう。

　こちらがその場に待機していてトラブルで入れず困っていたとしても、それを企業側に知らせなければ遅刻やキャンセルだと判断されてしまいます。まず企業側へ知らせることが最優先です。

〈音声が聞こえない〉

　相手の顔は見えているが、音声だけが聞こえないことがあります。

　まずは単純なミスで自分のパソコンのボリュームが最小になっていないか、あらかじめ確認しておきましょう。

　イヤホンとパソコンがきちんと接続されているかも確認します。

　それでも聞こえない場合、チャットに「音声が聞こえません」と記入するか、電話をする等状況を伝え、勝手にアプリを閉じたり再起動したりせずに面接官の指示に従いましょう。

　音声が途切れ途切れになっている場合、どちらに問題があるのかわかりません。

　憶測で的外れな回答をするのではなく、「申し訳ございません。今音声が途切れてしまい、○○の後から聞き取れませんでした。もう一度お願いできますか？」と素直に聞き返しましょう。

　こちらの声が相手に届いていない場合、Web面接ツールやマイクがミュートになっていないか確認します。

　トラブルが起きたときは、落ち着いてトラブルの内容を面接官へ速やかに伝えます。

　例えば「先ほどからノイズが入っており、声が聞きづらいです」「こちらから見える画面がフリーズしています」など、気づいた時点で声をかけます。再起動の指示があれば、それに従います。

採用担当者側も、通信に関するトラブルはおそらく何度も経験していることでしょう。それだけで不合格にするということは考えづらいため、そこまで不安になることはありません。

　企業によって対応は異なりますが、
・**Web面接ツールに接続できず、そのまま電話で面接を実施した**
・**画面はOFFの状態で音声だけで面接をした**
・**別日程を設定してもらった**
という話を聞きます。
　万全の対策をした上で、当日トラブルがあったときは落ち着いて対処するよう心がけましょう。

〈**専用アプリについて**〉
　Web面接を行う際、何らかのシステムを使うことになりますが、どのWeb面接システムを使うかは応募先企業によって異なります。
　普段よく使われているのはZoomでしょうか。
　Zoomは採用面接に限らず、広くWeb会議で使われているツールで、あなたもオンライン飲み会等で使ったことがあるのではないでしょうか。
　慣れているツールが指定されると安心ですが、初めて使用するアプリは戸惑います。

　企業側が使うシステムとしては、
・**採用面接に特化した機能を持つWeb面接ツール**
・**採用面接に限らず、広くWeb会議で使われるツール**
があります。代表的なアプリをご紹介しますので、余裕がある方は事前に見ておきましょう。

採用面接に特化した機能を持つWeb面接ツール

・**SOKUMEN**（URL:https://www.maru.jp/sokumen-g/）

・**インタビューメーカー**（URL:https://interview-maker.jp/）

- **harutaka**（URL:https://harutaka.jp/）
- **ウェブメン**
  （URL:https://careerlab.tenshoku.mynavi.jp/btob/lineup/mensetsu/4573/）

採用面接に限らず、広くWeb会議で使われるツール
- **calling**（URL:https://www.calling.fun/）
- **V-CUBEミーティング**（URL:https://jp.vcube.com/lp_mtg/25）
- **Zoom**（URL:https://zoom.us/）
- **Skype**（URL:https://www.skype.com/ja/）
- **Microsoft Teams**（URL:https://www.microsoft.com/ja-jp/
  microsoft-365/microsoft-teams/group-chat-software）

これらのアプリは随時システムの更新がされています。

最新版になっていないと不具合が起こったり一部の機能が使えなくなったりする可能性があります。

最新の情報を確認しアップデートしておきましょう。

| ## 受ける前に押さえておこう！Web面接の種類

3種類の面接スタイルがあることを知っておこう！

Web面接も対面での面接と同様、以下の３種類の面接スタイルが想定されます。

①個人面接
②集団面接
③グループディスカッション

①個人面接

個人面接は受験者１人に対し、１～５名程度の面接官がつきます。
時間も企業によって異なりますが10～30分くらいが一般的です。
面接の各段階によって見られているポイントが異なります。

〈**一次面接**〉

Web面接を用いることが増えてきた一次面接ですが、ここで見ているのは基本的なマナーやコミュニケーション力です。

第一印象をはじめ、表情や話し方、聞き方、質問に対してきちんと受け答えができるかどうかを見ています。

どれだけその業界に対する知識を持っていても、この一次面接を突破しなければ、それをアピールするチャンスももらえません。Chapter 3

でお伝えした【自分を整える】を参考に、表現方法を磨いておきましょう。

〈二次面接〉

二次面接では、仕事の適性やストレス耐性を見ています。

その職場で活躍できる素質があるか、必要な基礎知識を持っているかを確認します。

また、新入社員のメンタル不調の問題は、多くの企業が課題として捉えています。自社の仕事に耐えうるストレス耐性があるのかどうかも企業側にとっては確認したい項目の一つです。

ハラスメントに対する関心が高まるこのご時世に、あからさまな圧迫面接をされたという話はあまり聞かなくなりましたが、ストレスがかかる経験をどのように乗り越えてきたか、またストレス解消法があるかどうかなど質問されることはあるでしょう。

もし圧迫面接に遭遇したら、そんなときこそより冷静に対処しましょう。一番良くないのは感情的になることです。面接官も「役割」として演じているだけです。もしくは圧迫面接をするつもりはないのに、ただ単に無表情であったり、口下手だったりするだけかもしれません。

色んな人がいます。いちいち面接官の態度を気にして落ち込んでいてはキリがありません。「この会社はそういうパターンできたか」と軽く流しておけば大丈夫です。

〈最終面接〉

最終面接は対面で行う企業が多いです。

採用担当者は採用したい学生を最終面接へ進めます。ここで見られているのは入社意思や今後の成長性です。

企業側にとっては「我が社に入社してもらうため」のクロージングの場面でもあります。企業の人気度にもよりますが、入社意思を感じない

場合（第一志望ではないと答えるなど）不合格とされる可能性もあります。

　合格したいのであれば、第一志望であるとアピールすることが必要です。

②集団面接

　集団面接は受験者が2人以上で、2〜5名程度の面接官がつきます。時間も企業によって異なりますが15〜30分くらいが一般的です。

　集団面接を行うと、素早く人数を絞り込むことができるため、人気企業でよく使われます。

　同じ質問に対して、受験者が順番に答えていく形式だと、後になるほど前の人と回答がかぶってしまったり、他の学生が気になったりするなど、苦手としている学生も多いです。

　面接の初期の段階で実施されることが多い集団面接ですが、Web上で実施するとそれぞれの顔がズラッと一画面に表示されるため、対面以上に他の受験者と比較されてしまいます。

　おそらくはじめの数秒で「採用したい、したくない」という目処をつけてしまう面接官もいるでしょう。それくらい「顔つき」というのは相手に強いインパクトを与えます。

　集団面接では、個人面接とは違い「他の学生が話しているときの姿勢」も見られています。実際に他の学生の話を聞いているかどうかは、画面

上の表情や態度でしか判断できません。ずっと下を向いていては、聞いていないと思われてしまいます。うなずきや表情でアピールしましょう。他人が話しているときでも、当事者意識を持って参加できているかどうか、他人の話にも耳を傾けているかどうかでコミュニケーション力が評価されます。

　また、集団面接では、個人面接のとき以上に簡潔に話すことが必要です。何名もの回答を聞き続けることは面接官にとっても大変なことです。1人で1分以上話したら長すぎます。回答は15〜30秒以内にまとめましょう。

　挙手制の場合は、画面に映るように手を挙げる、もしくはWeb面接ツールの挙手ボタンを使うよう指定されることもあるでしょう。

　積極性をアピールしたい場合は、真っ先に手を挙げます。ただ、毎回一番に手を挙げていたら、他の受験者に譲る気がないと捉えられてしまうかもしれません。ほどほどに周りの様子を見ながら対応しましょう。

③グループディスカッション

　グループディスカッションは受験者が4〜8名程度で1グループとなり、2〜5名程度の面接官がつきます。時間も企業によって異なりますが20〜50分くらいが一般的です。

　対面形式でもグループディスカッションが苦手な学生は多いですが、Web上になると音声や映像がズレることもあるので発言のタイミングが難しく、さらに苦手と感じる人が多くなります。

また、誰か一人の通信環境が悪いと議論が止まってしまい、うまく話が進められないこともあります。その場合は、面接官からその受験者に対して何らかの指示があるでしょう。

　間違ってもイライラした態度は見せないように。

　ここで見られているポイントは「他者との関わり方」です。

　グループディスカッションの形式としては、一つのテーマをグループで話し合ったり、肯定派、否定派に分かれて討論したり、何らかの課題をみんなで達成するようなワークを実施したりします。

　どの形式だったとしても、その中であなたが「どのような役割を果たせるか」を面接官は見ています（どんな結論を導き出したかという内容で合否を決めることは少ないです）。

〈高評価となる行為〉

・まとめ役としてスムーズに進行する人

・積極的にわかりやすい意見を発表する人

・みんなの意見を引き出して盛り上げている人

〈低評価となる行為〉

・他者の話を聞かず、自己主張ばかりする人

・感情的になってメンバーと対立する人

・全く発言をしない人

　どんな意見を出すか以上に見られているのが、コミュニケーション力や協調性です。他者が話しているときの聞く姿勢も大切です。オンライン上であっても、みんなが発言しやすいような雰囲気をつくることができれば、より高く評価されるでしょう。聞いているばかりで何も話さなければ評価のしようがありません。

　面接官に「一緒に働きたいと思ってもらうにはどうしたら？」を軸に考えれば、どのような立ち位置で臨めばいいのかわかるはずです。

05 | Web面接の流れとマナー

Web面接の第一印象は表情で決まる!

　対面面接であれば、入室から着席までの全ての動作を見て第一印象が決まります。しかし、Web面接では、第一印象は画面に映る表情が全てです。

　面接官も人間なので、評価をする過程で心理的なエラーが発生します。よく採用面接官に対して実施する研修の中でお伝えする注意事項をご紹介します。

　自分がこう思われているかもしれないということを知っておいてください。

〈ハロー効果〉

　ハロー効果とは、応募者の部分的な印象で、その人の全体を推し量ってしまうエラーです。パッと見た瞬間に笑顔で感じが良いと思うと、性格も明るくて活発だと思い込んでしまったり、逆に無表情で感じが悪いと思うと、性格も暗くてコミュニケーション力がないと思い込んでしまったりします。

〈対比効果〉

　対比効果とは、直前に面接をしていた応募者がとても優秀であると、その後の応募者が平均以上だったとしても劣っていると評価してしまうエラーです（その逆もあります）。

　集団面接では、どのようなメンバーと一緒になるかによって、公平ではない優劣がつけられたりもします。全てを同じ基準で評価するという

のは、実際は難しいことなのです。

〈情実評価〉

　情実評価とは、個人的な利害や感情で評価してしまうエラーです（会社であれば能力のない人を、能力以外の理由で引き上げること）。こんなことは本来あってはいけませんが、顔が自分の好みだから合格にしようというように好き嫌いが評価に影響を及ぼすということが情実評価に該当します。

　また、基本的に人は自分と似たタイプの人が好きなので、何か共通点があったり価値観が似ていたりすると高評価をつけてしまいがちです（これを逆手にとれば、他者から好かれる方法もわかりますよね）。

　これらのエラーがあると、本当に必要な人材を見逃してしまうので、面接官としては注意すべきなのですが、人の認知能力には限界があります。一度思い込んだ情報をなかなか修正できません。

　そのため第一印象で好印象を持ってもらえれば、その後の面接は有利に進むということを知っておきましょう。

　面接官の手元にはあなたのエントリーシートがあります。

　面接官は、そこに貼ってある写真と、画面上に映ったあなたの印象を無意識に比較します。対面では全身が見えますが、Web面接で見えるのは胸元から上のみです。

　対面であれば背筋を伸ばしてイスにピシッと座るはずですが、オンライン上だとなぜかゴソゴソ動いている方がいます。これは非常に気になります。開始時にはピシッとカメラの前に座り、映り方もマナーに含まれると考え、Chapter 3を復習しておきましょう。

〈Web面接の流れ〉

①事前に企業からWeb面接ツールのURLが送付される

＊登録やダウンロードが必要であれば、あらかじめ作業をしておく

②手元に面接先の会社説明資料や、自分が提出したエントリーシート、予想される質問の回答のメモ、筆記用具、時計などを準備

＊これらの資料を読みながらの面接はNG

③開始10分前に企業から指定されたWeb面接ツールを起動しログイン

＊ログイン状況は相手にわかるため、時間ギリギリにログインするのも、早くログインしすぎるのもNG
＊相手を不快にさせず時間を守るタイミングは5〜10分前がベスト

④オンラインでつながったら「おはようございます」「こんにちは」など、応募者の方から声がけをする
「本日はお忙しい中、お時間をいただきありがとうございます」とお礼の言葉を述べ、明るい表情とハキハキした声で「○○大学○○学部○年の○○○○（氏名）と申します。本日はどうぞよろしくお願いいたします」と挨拶をしてから、少し頭を下げる

＊画面に対して真っ直ぐに座っているか、画面の真ん中に自分の姿が映っているか、目線はカメラ目線になっているかチェック

⑤面接が終わったら、「ありがとうございました。それでは失礼いたします」とお礼を言い、相手が通話を切断するのを待ってから、こちらも切断

＊数秒間待って、相手もこちらが切断するのを待っているようであれば「こちらから切らせていただきます。失礼いたします」と言葉を添えてこちらから通話を切断

⑥面接後、お礼のメールをしたり、手紙を送ったりするかどうかは自由。それで合否が変わるとは考えづらいが、もらって嫌な気持ちにはならない

＊相手の企業名（株式会社が前につくのか、後ろにつくのかも含め）、担当者の名前は絶対に間違えないように気をつける

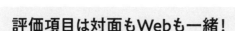

06 外せない！Web面接の評価項目

評価項目は対面もWebも一緒！

　面接の評価項目は各企業によって異なりますが、基本的なところは共通です。また、対面だから、Webだからと異なる基準は設けないでしょう。

　面接官の手元にはだいたい下記のような評価項目のチェックリストが並んでいます。

- **ビジネスマナー**（身だしなみ、挨拶、表情、言葉遣い、姿勢）
- **コミュニケーションスキル**（適切な自己表現ができるか、双方向の意思疎通をはかる能力があるか、他者と上手に関わることができるか）
- **志望度・意欲**（自社のことをどれくらい知っているか、自社で何がしたいか）
- **志向性**（考え方や価値観、働き方、モチベーションの源泉）
- **カルチャーマッチ**（どのような組織で働きたいか、当社の企業文化とマッチしているか）
- **ストレス耐性**（挫折経験の有無、乗り越え方、ストレスを感じるとき、ストレス発散方法）

　他にもその職種特有の必要なスキルなどがあれば、それに関する質問もあるでしょう。

　また、企業側の求める人材像としては各社風土によって異なりますが、
- **素直さ**（周囲の意見に耳を傾けることができるか、愛嬌や柔軟性はあるか）
- **誠実さ**（言動に嘘偽りがなく、実直で真面目に物事に取り組むことが

できるか）

- **向上心**（成長しようと自ら努力し続けることができるか）
- **責任感**（約束をきちんと守れるか、やるべきことをやっているか）
- **好奇心**（物事に興味関心があり、問題意識を持っているか）
- **実行力**（考えたことを行動に移せるか、困難なことでも粘り強く取り組んでいるか）

これらを兼ね備えた人材はどの企業も採用したいものです。

上記のような資質は、生まれつきの性質や育ってきた環境に影響します。

そのため、面接官は応募者の過去の体験談を聞きながら、その人の人柄を判断しようとします。

どれだけ良いものを持っていても、それを表現できなければ選ばれることはありません。自分の価値を言語化する方法をChapter 2でお伝えしましたが、まだ取り組んでいなければ今一度時間をとり、自分に向き合うことが必要です。

07 | 必ず用意しよう！ 想定質問への準備

質問されることはだいたい決まっている

面接でされる質問はだいたい決まっています。

よくありがちなのが、本に書いてある回答例をそのまま暗記して話しているケースです。

自分の言葉で話しているのか、そうでないのか、見ていれば自然にわかります。自分の言葉で話す準備をしておきましょう。

とくにエントリーシートに書いたことや、自己PR動画で話した内容は突っ込まれる可能性が高いです。

詳しく話せるように深掘りしておきます。

また、以下に挙げるような質問に対して、完璧な回答をつくっておく必要はありませんが、どのようなネタを出すか項目出しをしておくと、面接で聞かれたとき慌てずにすみます。何事も準備が肝心です。

〈想定される質問〉
①自己紹介をしてください

自己紹介を求められたら、まず明るく「はい」と返事をしてから始めます。自己紹介ではまず名乗り、自分の伝えたいキーワードを盛り込み簡潔にまとめます。あれこれ長く話すのはNGです。

〈回答例〉
　「○○大学○○学部○年の○○○○（氏名）と申します。大学では○○のゼミに所属しており、○○について研究しております。部活ではラクロス部で主将を務めております。どうぞよろしくお願い

いたします」

②大学時代に頑張ったことは何ですか？

　面接官は応募者を評価するための情報を知りたいと考えています。

　大学時代に頑張ったことを聞くことで、仕事においても同様に頑張ることができる人材だと判断します。

　中には大学時代にと指定せずに「これまでの人生で頑張ったことは」と聞かれることもあります。その場合も、あまり過去のことではなく直近の話をしましょう（例えば小学生時代のことを話されると、それから先は何も頑張っていないのか？と思われてしまいます）。

　回答例についてはChapter 4の自己PRを参考にしてみてください。

③志望動機を教えてください

　志望動機についてはChapter 4に詳しく記載してありますので、参考にしてみてください。

④他にどのような企業を受けていますか

　面接官が他に受けている企業を聞く理由は、応募者の志望度の高さと入社意思を確認するためです。

　「当社が第一志望ですか？」と聞けば、みんな「はい」と答えますし、採用側はそれでは志望度が確認できません。

　他に受けている企業を聞くことで学生の就活軸を知り、企業選びに一貫性があるかどうかを見ています。

　受けている業界、職種がバラバラだと、手当たり次第応募しているように感じ志望度が低いとみなされます。

　同業他社を受けていたり、同じ職種で探している方が、一貫性を感じ志望度が高いと評価されます。

逆に「御社しか受けていません」という回答は、志望度が高いというより不自然な印象を与えてしまいます。

〈回答例〉

「○○業界を中心に受けています。○○社は一次選考、○○社は二次選考まで進んでいるところです」

「自分の頑張りが数字としてはっきりわかり、企業の売上をつくる営業職に魅力を感じています。○○社、○○社ともに営業職で選考が進んでいます」

⑤最近気になるニュースは何ですか？

面接官が最近気になるニュースを質問する理由の一つに、応募者の志望業界や企業に対する理解度をはかることが挙げられます。

世間一般の出来事に対する興味、関心を見極めるとともに、自社の仕事内容に対する関心の度合いをはかっています。

また、就活生の意見や考えを知ることも目的としています。

ニュースの選び方としては、志望業界に関連するなるべく最近のニュースを選び、それに対する自分の意見も盛り込むことができれば完璧です。芸能人のゴシップや、宗教・思想に関するニュースは避けた方が良いでしょう。

〈回答例〉

私が最近気になっているニュースは、サブスクリプション事業の普及についてです。新型コロナウイルス感染症の影響で、様々な業界が影響を受けていますが、外出自粛の影響で漫画や映画などのサブスクリプション事業が拡大しています。

また、所有から利用へと意識が変わる中、洋服や車のサブスク化も進んでいます。御社でもそのような展開を進めていると伺いまし

た。社会のニーズを的確に把握し、変化に対応できる力を身につけていきたいです。

⑥アルバイトはしていますか?

　面接官がアルバイト経験について聞く目的は、学生の人柄や継続力、成長意欲を知るためです。アルバイトの継続期間からは継続力の有無を判断できます。

　また、アルバイト経験の中で具体的に何を学び成長してきたのかを聞くことで、人柄や成長意欲がわかります。

　中にはアルバイトをしていない方もいるでしょう。とくに最近はコロナ禍で学生アルバイトの募集がないという話も聞きます。

　その場合は「学業に専念していた」など、アルバイトをしない中で得たこと、学んだことがあればいいのです。アルバイトをしていたと嘘をつく必要はありません。

　また、短期間でアルバイトを転々とした方は、継続力はアピールできませんが、様々な業種や職種の理解を深めたとも言えます。その中で得たことを伝えましょう。

　自己PRのテンプレートを参考に組み立ててみてください。

⑦あなたの短所は何ですか?

　面接官が短所を聞くのは、マイナス評価をするためではありません。応募者が自分のことを客観的に把握しており、自分の弱さと向き合うことができているかどうかを見ています。その短所に対して自分なりに課題を持って取り組んでいれば良いのです。

　ただし、社会人として明らかにNGな短所は伝えない方が良いでしょう。例えば「時間が守れない」「嘘をつく」「人とコミュニケーションがとれ

ない」など、社会人としての基本的な姿勢ができていない場合は、あらかじめ直すよう努力しましょう。

〈回答例〉
　私の短所は、心配性なところです。
　未経験のことに取り組むときは、「完璧に準備した」と納得できないと行動に移せないことがあります。そのため今回の就職活動もエントリーシート作成にすごく時間がかかってしまいました。仕事は時間内に終わらせることも必要だと思うので、スピードも意識して取り組んでいきたいです。

　面接も回数をこなすたびに慣れていきます。
　最初のうちは、しどろもどろになってしまっても、何回も繰り返すうちに緊張も薄れ、スムーズに回答できるようになります。
　Web面接だと、面接官の手元や全ての面接官が見えないこともあり不安を感じやすくなります。私たちは見えていないものに対して、とにかくマイナスに考えがちだということを知っておき、必要以上に心配しないようにしましょう。

　自分を大きく見せよう、良く見せようと意気込むと空回りします。
　等身大の自分で、自分の言葉で、ちょっとだけ努力して面接官に好印象を与えられるような受け答えをしていきましょう。

08

「聞き方」のポイント

人の話を聞く3つのポイント

　Web面接では、自分が話すことと同じくらい「聞く姿勢」が大事です。面接官の質問の意図をしっかり理解して受け答えをすることはもちろん大事ですが、同時に話を聞く姿勢も見られています。

　これは対面でも同じですが、人の話を聞くときのポイントは3点です。

①目を合わせること
②話を途中で遮らないこと
③話を聞いていることを態度で示すこと

①目を合わせること

　対面で話すとき、話しかけられたら手を止めて、自分の方に体を向けて目を見て話を聞いてくれる人がいると、自分の話に真剣に向き合ってくれていると感じませんか。

　ですから、対面の面接対策でも、面接官の目を見て話しましょうと指導します。オンラインでは、画面上の面接官の顔を見て話していると、目が合っているように感じません。そのため、目線はカメラに向けます。

　表情はいつもよりオーバーに動かすイメージで、目力と笑顔を意識します。カメラ越しだと無表情は相手に暗くて怖い印象を与えてしまいます（きっとそんな面接官と出くわすこともあると思いますが、オンライン上だから仕方ないと思って気にしないように！）。

　また口角も上げていきましょう。通常意識していなければ口角は下がってしまいます。

②途中で話を遮らないこと

面接官の話は、最後まで聞いてから話し始めます。Web面接では音声に時差が生じるため、声は遅れて伝わります（自分の声もワンテンポ遅れて相手に届いています）。

会話が途切れて間が空くと焦って話したくなりますが、相手はまだ話している途中かもしれません。質問と応答との間にひと呼吸置くイメージで1、2秒待ってから話し始めましょう。

③話を聞いていることを態度で示すこと

話を聞いていることを「あいづち」や「うなずき」を使って表現しましょう。無表情で反応のない相手に話していると、「本当に聞いているのかな？」と不安になります。

面接官が話している最中に、相手の言葉の句読点が入るタイミングで「黙ってうなずく」ことがポイントです。

「うんうんうん」と首が縦に揺れすぎていたり、声に出して「はいはいはい」と言われたりすると、それに気がとられて話すことに集中できなくなります。

あいづちの注意点として、学生同士でよく使う「たしかに！」「なるほど！」という言葉は上から目線で、相手に偉そうな印象を与えてしまいます。

「なるほど、そうなのですね」と使うことはたまにありますが、「なるほどですね」はNG用語です。

面接とはいえ、そこは人対人のコミュニケーションの場です。話していて「感じがいいな」と思われることは、評価にプラスに作用します。

09

Web面接の注意事項

Web面接を受ける前にチェック！

　Web面接特有の注意事項を5点ご紹介します。このようなことはしていませんか？

①リラックスし過ぎていませんか？
②声の大きさは大丈夫ですか？
③Webツールはプライベート用の写真やニックネームになっていませんか？
④パソコンでメモを残そうと思っていませんか？
⑤カンペを用意できるから大丈夫だと思っていませんか？

①リラックスし過ぎていませんか？

　どうしても自宅で受けるとなると、面接会場へ行くときと比べてリラックスした気分になりがちです。例えば上だけジャケットで下は普段着であったり、つい手元のスマートフォンを見ていたり。

　そのような気の緩みは画面上であっても伝わります。見えないところにこそ気を配りましょう。

　また、姿勢も時間が経つにつれて崩れがちです。

　はじめのカメラの設置場所も影響します。目線の真っ直ぐ前にカメラがくるように位置を調整しておきましょう。

②声の大きさは大丈夫ですか？

　Web面接で一番不安を感じるのが声の大きさです。

　カメラにどう映っているかは自分でも画面上で見えますが、声がどう

届いているかはわかりません。面接会場で話すような大きい声を出すと、うるさく聞こえてしまう可能性もあります。逆に小さすぎると元気がないと思われてしまうので、事前に友人と聞こえ具合をチェックしておくと良いでしょう。

マイクを通しての声になるので、ガサガサ雑音が入るようなこともないか確認しておきます。マイクの位置が固定しているものは問題ないですが、例えばイヤホンと一体になったマイクは、コードの位置によって自分の口元との距離が変わると音量にムラができて聞きづらくなります。あらかじめそのようなことがないように準備しておきましょう。

③Webツールはプライベート用の写真やニックネームになっていませんか?

初めて使うツールであれば、このようなことは起こりませんが、普段プライベートでZoomを使っていて、面接でZoomを指定されると写真や名前がプライベート用になっていることがあります。

あらかじめ氏名の表記を指定されることもあるので、(例:氏名の欄を大学名　氏名に変更しておいてください)その場合指示通りに変更します。指示がない場合も、ニックネームではなく漢字で氏名を記載しておきましょう。

また写真もきちんとしたものにしておくことをおすすめします。

また、企業と連絡をとるのにメールアドレスを使うことが頻繁に起こります。変な先入観を持たれてしまうようなアドレスは避けた方が良いでしょう。

④パソコンでメモを残そうと思っていませんか?

対面面接の場合、手にメモ帳を持って臨むことはありませんよね。

しかしWeb面接になると手元にキーボードがあるからなのか、面接

官の言ったことをメモしようと、パソコンをカチャカチャ打ちながら面接を受ける方がみえます。この音は意外と響くので耳障りです。

　もし連絡事項や面接のフィードバックを受け、メモをとりたいと思ったときは「メモをとってもよろしいでしょうか」と確認し、ノートとペンを使って手書きでメモをとります。

⑤カンペを用意できるから大丈夫と思っていませんか？

　パソコンに自己紹介や志望動機、企業情報などをペタペタ貼って準備している方もみえるでしょう。それがNGとは言いませんが、画面上で目線はよく見えます。何かの文章を読み上げているとしたら、目線もそのように動くので気づかれてしまいます。心配ならキーワードだけ準備しておき、後は自分の言葉で話しましょう。

　緊張していたり嘘をついていたりすると、瞬きの回数が増えます。

　内心の焦りが瞬きに出てしまうのですが、対面のとき以上にあなたの顔が面接官にアップで見られています。本当に大事なことは覚えておきましょう。

　また、これは対面面接でも同様ですが、「逆質問」をされることがあります。「逆質問」とは、面接官から「何か質問はありませんか？」と聞かれることです。

　これは受験者との相互の理解不足がないように確認するためのものですが、質問内容には少し注意が必要です。

　基本的に何を聞いても構いませんが、ホームページに載っているようなことや、企業説明会で説明していたことを聞くのはNGです。

　質問事項は働くことに対して前向きなものが良いですね。

　上記のようなことに注意しながら、Web面接に臨みましょう。

・面接練習アプリKnockKnock

　最後に面接練習用のツールをご紹介します。

　面接はキャリアセンターの方や家族、友人に面接官になってもらい練習することが理想ですが、なかなかそんな時間もないでしょう。

　そこでおすすめなのが（iPhone限定ですが）「面接練習アプリKnockKnock」です。

　スマートフォンの中の面接官が質問を読み上げてくれて、自分で答えたものを録音することができます。

　質問に対する簡単な回答例も書かれているので参考にすると良いでしょう。

　スタンダードな質問だけでなく、圧迫面接ぎみの質問なども用意されており、どんな質問が飛んできてもすぐに対応できるか、ランダムな質問で試してみるのもおすすめです。

　そして、録音したものを必ず聞き直してください。

　内容云々の前に声のトーン、スピード、クセなどが気になるはずです。そこで聞こえてくる音声が、面接官には届いています。良くない点を一つひとつ直していけば本番では惜しみなく力が発揮できます。

　時間には限りがあります。

　無駄なことはやめ、効率化できるところは効率化し、本来時間を注ぐべきところ（自己分析や企業分析、人に会うこと）に時間を回せるように段取りよく進めていきましょう。

Chapter 6

失敗しても凹まない! 不安に負けない!
就活に役立つ心理学

不安に振り回されない方法

「できること」をやる！

　今、就職活動に対して不安を抱いている方が多いと思います。不安になるのは当然です。不安があるから、今こうして本を読みWeb選考について勉強しているのです。

　面接で落ちるのが怖いのは、受かりたいという願いが強いからこそ。その願いを叶えましょう。不安の裏側にあるのは、「その企業に就職したい」という強いエネルギーです。不安はエネルギーの源だということを知っておいてください。

　悲観的な考えをすればするほど、不安を探して注目すればするほど、不安は増大します。これが大きくなりすぎると、どこから手をつけて良いかわからなくなり、対処できなくなります。

　そうなる前にネガティブな想像は少し横に置いておき、不安を現実的に捉えて無理なく自分でできることを、まず探してみましょう。

　不安なときに心がけるのは、とにかく「できること」「変えられること」にフォーカスすることです。コロナ禍で新卒採用の募集人数が減っている。それ自体は変えることができません。解決できないことをクヨクヨ悩んで「私たちって運が悪いよね」と言い合っていても、現状は同じです。変えられないことを嘆く時間があれば、できることを見つけて行動しましょう。

　生きている限り、不安がゼロになることはありません。

　不安なままでも、とにかく行動してみる。行動することで可能性が増

えることはあっても、マイナスになることはないのです。

　また、就職活動をしていると友人や周りの人の状況が必要以上に気になってしまうこともあるのではないでしょうか。つい人と比較して落ち込んだり、悩んだり…中には「まだ一つも内定がとれていない自分は、友人からどう思われているんだろう」と他人の目が気になったりもします。

　しかし、周囲の人もそれほど暇ではありません。あなたが思うほど、あなたに関心を持って注目していないので安心してください。

　あなたが一番大切にすべきは、あなた自身です。今の自分を素直に受け入れ、その上で自分が成長するための行動をとれば良いのです。

　悩みやすい人は、不安を一人で抱え込む傾向があります。

　つい「人に言ってもどうせわかってもらえない」と考えてしまいます。SNSが普及し、人とつながりやすい時代ではありますが、逆に広く浅い人間関係に慣れてしまい、本音で付き合える人がいないという現象も起きています。SNSでたくさんの友人を持つよりも、たった一人でいいので、本音で相談できる人を持つ方が大切です。

　人に相談することで、自分の中の問題を整理することができます。第三者の視点から客観的な意見をもらうことで救われることもあります。

　アメリカのミシガン大学の研究によると、人が不安に思っている心配事のうち、80％は実際に起こらないと言われています。

　実は不安の80％は取り越し苦労で、実際に起こる不安は20％だけ。その中でも16％は準備していれば対応可能なものなので、本当に心配すべきは、残りの４％に過ぎません。

　不安に思うことは、実際にはほとんど起こらないのです。

　私たちは感情をコントロールして不安をなくすことはできませんが、行動は自分の意思で選ぶことができます。あなたの「ありたい自分」に

近づける行動を選択していきましょう。

　時代がどんなに大きく変化しても、時代の流れに合わせて目の前のできることに一生懸命取り組んでいくことでしか、未来を切り拓く方法はないのです。不安な感情を建設的なパワーに変えていきましょう。

就活を乗り切るためのメンタルケア

02 | 就活の成否を分ける！メンタル強化5つの方法

ストレス耐性をつける、5つのトレーニング

最近「メンタルタフネス」の研修が増えています。

メンタルタフネスとは、「困難がふりかかったときに悪い感情に振り回されるのではなく、解決に向けた行動を起こせること」を意味し、ストレス耐性と言われることもあります。これは生まれつきの特性ではなく、トレーニング次第で高めることができます。

それでは、具体的な方法を5つご紹介します。

① 1日を振り返る習慣づくり
② ストレスに一番効く運動
③ 体に悪いことをやめる
④ SNSから離れる
⑤ 自分に優しく

① 1日を振り返る習慣づくり

私たちは日々漫然と日常を繰り返していて、何が自分を変えてくれて、どんな効果があったのか検証する時間を持つことは、あまりありません。自分は今日何を頑張ったのか振り返り、日々の成長を確認していく作業があなたの自信をつくります。

よく「どうしたら自信を持って就活に臨めますか？」と聞かれますが、何事も同じで経験値を上げるしかありません。はじめは誰でも、何に対しても不安な感情が芽生えます。

しかし、一つひとつ乗り越えて数をこなしていくうちに、その積み重ねが自分の自信をつくります。

「一人の時間」をつくり、きちんと考える、振り返る時間をつくることも、とても大切です。

　「今日は何も頑張ったことがないなぁ」と思ったら、何か感謝できることを書き出してみましょう。特別なことをしてもらうから感謝するのではなく、例えば母親に朝ご飯を用意してもらったこと、運転中に道を譲ってもらったこと、こうして日々健康に過ごせていることなど、自分の周りの出来事は全て当たり前ではなく、ありがたいことです。
　そんな風に１日１分で構いません。一人で振り返る時間をとってみましょう。

②ストレスに一番効く運動
　ストレスに一番効く運動は「ヨガ」だと言われています。
　近年ではマインドフルネス的な要素によって、ヨガがメンタルを鍛えてくれると考えられています。
　ちなみに、マインドフルネスとは直訳すると「気づき」のことで、大事なこと、本質に気づくことが心の平穏につながるという考え方です。マインドフルネスによって共感力が自然に高まり、自分自身も幸せになり、ストレスから解放されると言われています。
　自分が不安になっているときに、そのまま「今不安を感じているな」と捉え、何に対して不安を感じているのかを明確にしていくことがマインドフルネスです。

　ヨガはYouTubeを見れば、色んな先生が教えてくれます。
　簡単なものから取り入れてみましょう。同時に呼吸も大切にしてください。よく緊張したときに「深呼吸をしましょう」と言われますよね。それも意味がある行為です。

　緊張しているときは、呼吸を吐くところから始めます。
　息を吸うときは交感神経が働いて緊張しますが、吐くときは副交感神

経が優位になりリラックスできます。

　ヨガはハードルが高いと思ったら、散歩を習慣にしてみましょう。

　まずは1日5分からでOKです。

　太陽の光を浴びて余計なことを考えず、無になって自然の中を散歩する。そんな時間がとれたら最高ですね。自然にふれることで、ストレスは軽減します。身近に自然がなければ観葉植物を置いたり、YouTubeで波の音を聞いたりすることも有効です。自然にふれる時間を意識的にとってみましょう。

③体に悪いことをやめる

　体に悪いこととは、具体的にどのようなことが思い浮かびますか？

　ここでは人間の脳に負荷をかけすぎてしまう刺激物をご紹介します。

　1つ目はジャンクフードです。

　塩分や脂肪、糖質を詰め込んだジャンクフードは肥満の原因になるだけでなく、脳にも負荷を与えます。

　2つ目はテレビやゲームです。

　時間を制限して行う分には良いですが、はまりやすい刺激のため、気づかない間に長時間が過ぎてしまい、その間肝心なことができなかったと自己嫌悪に陥ることもあります。

　3つ目はブルーライトです。

　パソコンやスマートフォンのブルーライトは自然界にはない刺激です。夜に浴びると睡眠の質が低下するので注意しましょう。

　人には脳を休める時間が必要です。これまで上記のことに使っていた時間を少しだけ運動に当ててみましょう。短時間でできる簡単なもので構いません。体型が変わったり、疲れにくくなったり、メンタル強化にも効果を発揮します。

④SNSから離れる

　私たちは今、一つのことに集中することができなくなっていると言わ

れています。これはスマホ依存の研究からわかったことで、やたらとメールをチェックしたり、SNSを見たり、ゲームをしたりしてスマートフォンを手放せない人がいます。これが不安や焦りの元となります。

スマートフォンを使いすぎると、時間がなくなる感覚に陥り、不安や焦りが生じてまたスマートフォンを触ってしまいます。

マルチタスクができない脳に負荷をかけることで、常に刺激を求めるようになってしまうのです。

またSNSやゲームにはまっている人ほど、社会不安やうつの傾向が高いことが明らかにされています。SNSは刺激が強く、Instagramなどはやればやるほど他者への嫉妬が増し、メンタルに良くないと言われています。SNSに使う時間を無駄な時間だと思っていると、それをしてしまう自分に対し罪悪感を感じ、さらに不安や焦りが増長します。あえて一つのことに集中する時間を作り出しましょう。そうすることで脳がリフレッシュします。

⑤自分に優しく

メンタルダウンしないためには、視点を少し変えてみることが必要です。自分を客観視してみてください。何か失敗をして落ち込んでいるときに、それが自分の親しい友人が起こした失敗だったら何て声をかけますか？　友人を責めますか？　そうではなく、優しい言葉を投げかけませんか？

私たちは他人のミスだったら許せることが、自分のことになると途端に許せなくなります。失敗は誰でもすることであり、学びです。

無駄に自分を責めない人の方が、人生はうまくいきます。自分に優しく、前へ進んでいきましょう。

以上の５つのことを「続ける」ことが何より大事です。

続けるためには「無理」を極力減らすこと。ほんの数分の取り組みを毎日続けることで効果が出ます。三日坊主になってもいいので、まず始めてみる。焦らず、諦めず、慌てずに。一生勉強、一生成長です。

03 | 自己効力感がアップする 4つの要素

未来を切り拓く自信を持とう!

　自己効力感とは、「自分の力で自分の未来や自分の人生を変えることができると信じる力」のことです。これがあなたの行動に大きな影響を与えます。自己効力感が高いと、様々なことに積極的にチャレンジでき、仮に失敗してもすぐに立ち直ることができます。

チャレンジすれば
きっと成功する!

目標

　逆にこれが低いと、「自分には無理だ」「きっと失敗する」とネガティブに考え、挑戦を避けてしまいます。また、失敗すれば「やっぱり自分はダメだ」と落ち込み、失敗を恐れてさらにチャレンジを避けるという負のスパイラルに陥ってしまいます。

　カナダの心理学者であるアルバート・バンデューラ氏が、自己効力感が形成される要素を4つ挙げています。
①個人的達成
②代理学習
③社会的説得
④情緒的覚醒

①個人的達成

　自己効力感に最も影響を与えるのがこの個人的達成です。

　行動量を増やして「できた！」という体験を増やすか、日常の些細なことを見つけて「私ってすごい！」と褒めることで自己効力感は高まります。

　例えば休日の朝はいつも寝坊するけど、平日と同じ時間に起きてみる→「よく起きた！私ってすごい！」

　YouTubeを見ながらだらだら過ごすのをやめて、早く寝てみる→「早寝早起き！私ってすごい！」

　些細な成功体験を積み重ねる中で、それができたら大げさなくらい喜んでみる、その繰り返しで自己効力感は高まります。

②代理学習

　代理学習とは、他者がしていることを見て、「自分にもできるかも！」と思うことで自己効力感を高めるものです。

　例えば友人が内定をもらったのを見て、「○○さんが内定をもらえるなら、私ももらえるよね！」と自分に置き換えて考えることです（ちょっと失礼ですが）。

　これは実体験ではないため、成功体験より影響力は弱まります。

③社会的説得

　社会的説得とは、周囲の人に「あなたならできるよ」と励ましや承認メッセージをもらったりすることです。

　普段自信がなくても、信頼している人に「あなたならできると思うよ」と言われると、「できるかも！」と思います。その過程で自己効力感が上がっていきます。

　自分の弱みではなく、強みを見つけて伸ばしてくれる、肯定してくれるような環境に身を置くことが大切です。お互い承認し合えるような友

人がいたら感謝ですね。

④情緒的覚醒

　気持ちの問題で自己効力感は変わります。

　前向きな明るい気持ちのときには自己効力感が高まるので、自分が何でテンションが上がるのか知っておきましょう（好きなアーティストの音楽を聞く、映画を観るなど）。

　ただし、気分の高揚感は持続性に乏しいため、効果は限定的となります。

　以上４つのうちのどれから取りかかっても構いません。できるところから順番に、成功体験を着実に積んでいきましょう。

〈5つの行動指針〉

　冒頭にもお伝えしましたが、就職活動では面接で落とされてもその理由を教えてもらうことができません。

　そのため、何か自分自身を否定されたような気持ちになり落ち込むこともあるでしょう。

　また、キャリアは後からいくらでも変更することは可能ですが、新卒というチャンスは一度きりだと思うと、焦りを感じる方もみえるかもしれません。

　そんなときに背中を押してくれるキャリア論をご紹介します。

　教育心理学者のジョン・D・クランボルツ教授の「計画的偶発性理論」によると、ビジネスパーソンとして成功した人のキャリアを調査したところ、そのターニングポイントの8割が、本人が予想しない偶然の出来事だったとのこと。

　急激に社会の流れが変わり、未来を予測することが難しい今、社会情勢や企業の状況は個人の意思でコントロールできません。

　つい最近まで売り手市場（企業の採用件数に対して、就職したい学生

の数が少ない状況）でしたが、コロナ禍により状況は大きく変わりつつあります。

　就職活動が思い通りにいかないこともあるでしょう。

　このような状況下で、「何をしたいかという目標に固執すると、目の前に訪れた想定外のチャンスを見逃しかねない」とクランボルツ教授は指摘しています。

　予期せぬ出来事がキャリアを左右するのは事実です。しかし、何もせずただ待っているのではなく、あらかじめできるだけの準備をしたり、フレキシブルに行動したりすることでチャンスに恵まれます。

　目標に固執すると可能性を狭めてしまうので、「絶対に〇〇社（第一希望の会社）に入る！」と決めるより、「〇〇の業界で働きたい」「〇〇の職種に就きたい」等、ある程度幅広く視野を持っておいた方がチャンスは巡りやすくなります。

　先ほどから何度も「チャンス」という言葉を出していますが、具体的に以下の5つの行動特性を持つ人にチャンスが訪れやすいと言われています。

〈チャンスをつかむ人の行動特性〉
　好奇心　新しいことに興味を持ち続ける
　持続性　失敗しても諦めずに努力する
　柔軟性　こだわりすぎずに柔軟な姿勢をとる
　楽観性　何事もポジティブに考える
　冒険心　結果がわからなくても挑戦する

　就職活動を成功させるためには、起きた出来事や変化を受け止める姿勢が必要です。失敗体験も同様で、数回の失敗に囚われることなく、「この企業とは縁がなかったんだ！」と前向きに捉え、次の一歩を踏み出します。

その繰り返しで自分が出合うべく企業に出合えます。偶然を必然に変えるために、あらゆる出来事に関心を向けてみてください。その場ではわからなくても、後から「あのときのあの出会いがあったから」と思うことは多々あります。

　慎重になりすぎるよりも、まずは挑戦してみることが大切です。

　偶然の出来事をチャンスにできるかどうかは、自分自身の行動する力次第です。

おわりに

　あなたに「私はこれだけ準備したから大丈夫！」と自信を持ってWeb選考に臨んでほしいという願いを込めて執筆しました。

　ここから先、何をするもしないも、自分の判断、選択次第。

　人から強制されるものではありません。

　叶えたいことがあったら、そのために必要な情報を自分でとりにいく。今それができているあなたの未来は明るいなって思います。

　内定はゴールではなく、ほんの始まりに過ぎず、大事なのはここから先続いていくあなたの人生そのものです。「こうすべき」という唯一の正解はなく、会社に勤めても、フリーランスでも、学び直しをしても、起業しても、複数の仕事を掛け持ちしてもいいのです。

　必要なのは、その時々の変化に合わせて柔軟に対応していくこと。

　リンダ・グラットン教授の『ライフ・シフト　100年時代の人生戦略』という本に「2007年生まれの人の50％は107歳まで生きると推測される」と書かれています。

　人生100年時代といわれる社会で生きる私たちに必要な「変化に対応する力」。これを身につけるためには次の3つが必要です。

① 　自分についてよく知っていること
② 　多様性に富んだ人的ネットワークを持っていること
③ 　新しい経験に対して開かれた姿勢を持っていること

①自分についてよく知っていること

　この本でも自己分析を通して、自分について考えるワークをたくさんご紹介しました。これは、社会人になって数年経ってからでも、数十年経ってからでも活用できます。

　「自分は何を大切にして生きているのか」「何を人生の土台にしたいの

か」

　まだピンとこないかもしれませんが、社会人になって数年経ったある日、ふと考えるときがくるかもしれません。

　ここから先、家庭を持つタイミングや、何か新しいことに興味を持つタイミングがあれば、そのときにもう一度、今実施した自己分析の結果を見てみてください。きっと新たな道を選択する際のヒントになります。

②多様性に富んだ人的ネットワークを持っていること

　就職活動では、採用担当者をはじめ、インターンシップや選考中に知り会う学生、社会人など様々な方との新しい出会いがあります。中には、考え方のギャップに戸惑うこともあるかもしれません。

　しかし、私たちは自分とは異なる価値観を持つ人との関わり合いの中から成長します。相手を変えることはできません。

　その人と同じ気持ちになる必要はありませんが、どうしたら上手に付き合うことができるのか、自分をどう変化させられるのか。永遠の課題だと思っています。

　頑なにならず、柔軟に。

　人と対立しても良いことはありません。戦わず、負けない。そんな強さを持っていてほしいです。

　また、いざというとき助けてくれるのは「人」です。これから出会う多くの方々とのご縁を大切にしてください。

③新しい経験に対して開かれた姿勢を持っていること

　新しいことに挑戦するのは負荷がかかりますよね。

　だから、今しんどいのだと思います。しかし、そのしんどさが未来をつくってくれます。あなたを強くしてくれます。

　就職活動があるから、わざわざ自己分析をし、見たくもない自分の自己PR動画を振り返りながら、何度も練習します。これまであなたの伝えきれていなかった自分の魅力を、周りの方に伝えられるようになります。「伝えたい」と思うから「伝わる」ようになるのです。

自分の目の前には「できること」がやってきます。

　そもそも「できないこと」はやってこない。大丈夫です。あなたは自分の未来を自分で切り拓いていく力を持っています。

　目の前の出来事を楽しみましょう。良いことも悪いことも全て自分の糧であり、成長の源です。

　あなたの就職活動が希望通りに進むことを、そして社会人となってからの人生がより幸せで豊かであることを願っています。

　あなたが笑顔で自分らしく働き続けることができますように。

　最後に、貴重な執筆の機会を与えてくださり全面体にサポートしてくださった自由国民社の三田智朗さん、ジョハリの窓シートや適性検査「ポテクト」を提供していただいた株式会社シャインの藤浦隆雅さん、広報を担当してくれた株式会社BRANCHの原川優菜さん、私を支えてくださる顧問先をはじめとする大切なお客様、独立当初から応援し続けてくださる皆さま、新卒から退社まで育ててくださった岡崎信用金庫の皆さま、どんなときも笑って過ごせる場をつくってくれる夫と2人の子どもたち、そして家事を手伝い安心して働ける環境を与えてくれる母に、この場を借りて御礼申し上げます。

〈参考文献〉

『その幸運は偶然ではないんです！』J. D. クランボルツ著　A. S. レヴィン著　ダイヤモンド社

『キャリアコンサルティング　理論と実際』木村　周著　一般社団法人雇用問題研究会

『キャリア開発と統合的ライフ・プランニング　不確実な今を生きる６つの重要課題』サニー・S・ハンセン著　福村出版

『LIFE SHIFT（ライフ・シフト）』リンダ・グラットン著　東洋経済新報社

『WORK SHIFT（ワーク・シフト）』リンダ・グラットン著　プレジデント社

『2023年度版　面接の教科書　これさえあれば。』坂本直文監修　TAC出版

『2023年度版　就活の教科書　これさえあれば。』竹内健登著　TAC出版

『2023年度版　エントリーシート&自己PRの教科書　これさえあれば。』坂本直文監修　TAC出版

『新卒採用基準　面接官はここを見ている』廣瀬泰幸著　東洋経済新報社

『オンライン就活は面接が９割』瀧本博史著　株式会社青春出版社

『【完全攻略】オンライン・WEB面接』中園久美子著　ダイヤモンド社

『開始３秒で差がつくWeb会議のコツ』三枝孝臣著　東洋経済新報社

『リモート営業で結果を出す人の48のルール』菊原智明著　株式会社河出書房新社

『「何が言いたいの？」ともう言わせない！説明の技術見るだけノート』鶴野充茂監修　株式会社宝島社

『３分引きつける話す力』鹿島しのぶ著　株式会社三笠書房

『「30秒で伝える」全技術　「端的に話す」を完璧にマスターする会話の思考法』桐生　稔著　株式会社KADOKAWA

『不安に負けない気持ちの整理術』和田秀樹著　株式会社ディスカヴァー・トゥエンティワン

田中 亜矢子 （たなか あやこ）

社会保険労務士事務所サン&ムーン代表

1981年10月生まれ。二児の母。

2004年 愛知教育大学教育学部卒業後、岡崎信用金庫へ入庫。

営業店で投資信託や保険商品のセールスを経験後、人事部へ。

最後の5年間採用、人材育成等を担当し、採用活動では延5,000人の学生と接する。

2017年、金融業より人事の仕事を専門にしたいと考え研修講師として独立。

独立後5年間で500回以上、延10,000人の受講生に研修を実施。

得意分野は、プレゼンテーション、コミュニケーション、ハラスメント研修。

2018年在学中に取得した社会保険労務士の資格を活かし、岡崎市十王町に社労士事務所を開設。

コンピテンシーを活用した採用コンサルティング、社員教育、人事評価制度構築を専門とし、人事担当者や管理職を対象とした採用面接官研修や人事考課者研修にも定評がある。

人事経験10年のベテラン社労士。

キャリアコンサルタントとして学生のキャリア相談、就活関連のセミナーに登壇することはライフワークの一つ。

一人でも多くの学生が、自信を持って就職活動に臨み、実績なく戦える「新卒」というチャンスを最大限に活かして欲しいという想いで活動している。

Web選考は「準備」が9割！

2021年12月3日　初版第1刷発行

著者　田中 亜矢子

カバー　小口 翔平＋須貝 美咲（tobufune）
ＤＴＰ　有限会社中央制作社

発行者　石井 悟
発行所　株式会社自由国民社
　　　　〒171-0033　東京都豊島区高田3丁目10番11号
　　　　電話　03-6233-0781（代表）
　　　　https://www.jiyu.co.jp/

印刷所　新灯印刷株式会社
製本所　新風製本株式会社

編集担当　三田 智朗
校正担当　伊藤 宗哲

©2021 Printed in Japan　ISBN 978-4-426-12755-8